DIESES

Buch

GEHÖRT

____

Inhaltsverzeichnis

Über dieses Buch 3

Material 4

1. Serifenlose Schrift – Großbuchstaben 6
2. Serifenlose Schrift – Kleinbuchstaben 8
3. Größenunterschiede 10
4. Buchstabenskelett 12
5. Dreidimensionale Schrift 14
6. Serifenschrift 16
7. Strichstärke 18
8. Lettern mit und ohne Serifen 20
9. Schreibschrift 22
10. Monoline Lettering 24
11. Monoline mit Schatteneffekt 25
12. Faux Calligraphy 26
13. Kombination von Schriftfamilien 28
14. Verschiedene Grundlinien 30
15. Lettern im Kreis und Bogen 32
16. Kreisförmiges Layout gestalten 34
17. Zahlen und Sonderzeichen 36
18. Brush-Script 38
19. Stifthaltung 39
20. Brush-Script-Kleinbuchstaben 40
21. Typische Probleme beim Einstieg 41
22. Brush-Script-Großbuchstaben 42
23. Variationen des Alphabets 44
24. Schriftarten kombinieren 46
25. Schnörkel malen 48
26. Schatten 50
27. Lettern im Rechteck 52
28. Ligaturen 54
29. Buchstaben verflechten 56
30. Dekorative Elemente 58
31. Banner 60
32. Illustration 62
33. Formgebend lettern 64
34. Rahmen und Kränze 66
35. Aus dem Rahmen fallen 68
36. Dekorieren mit weißem Stift 70
37. Negativ lettern 72
38. Hintergründe gestalten 74
39. Lettering zentrieren 76
40. Jahreskalender gestalten 78

Impressum 80

Über dieses Buch

LEARNING
by
DOING
DAS GEHEIMNIS DES ERFOLGS LIEGT IM TUN

Handlettering ist eine wundervolle Kunstform, die Ihnen viele Freiheiten lässt, Text grafisch zu gestalten. Gleichzeitig gibt es einige Regeln und Kniffe, die Ihnen helfen, eine ebenso außergewöhnliche wie stimmige und gut lesbare Gesamtkomposition zu entwerfen. Dieses Buch gibt Ihnen Seite für Seite die Informationen, die Sie dafür benötigen, überdies erhalten Sie viele Beispiele und Tipps, die die Umsetzung für Sie leicht machen.

Die Devise dieses Buchs lautet: Learning by doing. Lesen Sie nicht nur, sondern greifen Sie zum Stift und machen Sie mit! Im Übungsbuch können Sie das, was Sie hier im Workshop lernen, direkt umsetzen und vertiefen. So kommen Sie Schritt für Schritt nicht nur im Handlettering voran, sondern gestalten auch gleich Ihre eigenen kleinen Kunstwerke.

Ich wünsche Ihnen viel Freude beim Lettern und freue mich, Sie auf Ihrem Weg zur Handlettering-Künstlerin oder zum Handlettering-Künstler ein Stück weit begleiten zu dürfen.

Ludmila

bunte Galerie

Material

Die wichtigsten Werkzeuge beim Handlettering sind Bleistift und Fineliner sowie glattes Papier. Für das Brushlettering sollten Sie einen Brushpen haben – also einen Pinselstift. Damit Sie nicht lange nach einem solchen Brushpen suchen müssen, ist dieser Mappe ein solcher beigelegt. Wie Sie mit ihm lettern können, wird ab Seite 38 erklärt.

BLEISTIFT UND RADIERGUMMI

Einen Bleistift haben Sie mit Sicherheit zur Hand. Wenn kein Härtegrad auf den Bleistift aufgeprägt sein sollte, wird sich die Härte wahrscheinlich zwischen HB und H bewegen – also im Mittelbereich zwischen weichen und harten Minen. Skizzen, die Sie mit einem solchen Bleistift anfertigen, ohne dass Sie dabei zu stark aufdrücken, können Sie leicht wieder wegradieren. Bleistifte mit dem Härtegrad HB, B, F oder H sind bestens für Ihre Vorzeichnungen geeignet.

FINELINER

Einen Fineliner benötigen Sie, um die Bleistiftskizze in ein fertiges Handlettering-Kunstwerk zu verwandeln. Mit dem Fineliner zeichnen Sie die Buchstaben, Verzierungen und grafischen Elemente. Es gibt Fineliner in unterschiedlichen Stärken und Farben – am besten probieren Sie einfach aus, mit welchem Stift Sie persönlich am besten zurechtkommen.

BRUSHPEN

Der Brushpen hat eine flexible Spitze, weswegen Sie bei ihm die Strickstärke über den ausgeübten Druck variieren können. Je stärker der Stift auf das Papier gedrückt wird, desto größer wird die Fläche, die über den Malgrund gleitet und dort Farbe hinterlässt.

Die Spitzen von Brushpens können aus zwei Materialien bestehen. Es gibt Brushpens, die feine Acrylspitzen haben. Diese Spitzen sind langlebig, aufgrund ihrer Robustheit und auch ihrer Schreibeigenschaften eignen sie sich sehr gut für Lettering-Einsteiger.

Andere Brushpens haben Filzspitzen. Diese sollten nur auf glattem Papier eingesetzt werden, weil sie ansonsten ausfransen. Filzspitzen sind deutlich dicker als Acrylspitzen, weswegen sie auch zum Malen größerer Lettering-Projekte genommen werden können.

Dieser Mappe beigelegt ist der edding 1340 brushpen, der eine Strichstärke von 1 bis 3 mm hat. Mit ihm können Sie feine Details ebenso malen wie breitere Linien. Auch bei ganzen Flächen kann er zum Einsatz kommen – mit dem edding 1340 brushpen können Sie alles umsetzen, was Ihnen zum Brushlettering in diesem Buch gezeigt wird.

Den edding 1340 brushpen mit seiner weichen, flexiblen Pinselspitze gibt es in 20 Farben. Ideal zum Schreiben, Dekorieren und Ausmalen.

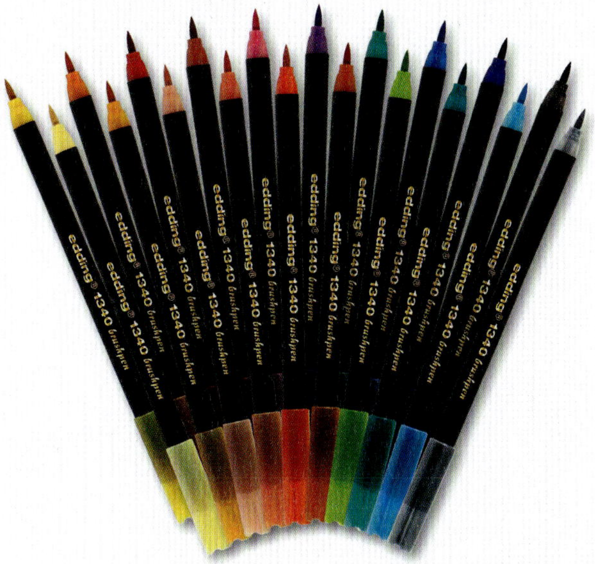

Bleistift
HB, B, F oder H

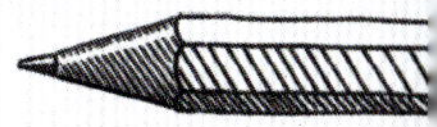

Fineliner
0,4 mm und dicker

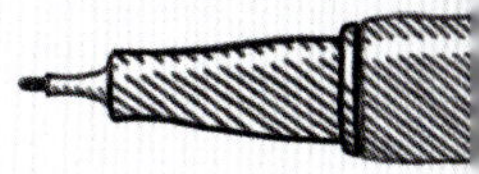

Brushpen
1–3 mm

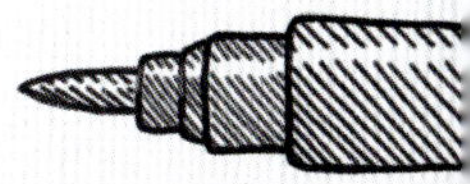

PAPIER

Wenn Sie Handlettering-Entwürfe mit Bleistift anfertigen, ist handelsübliches Kopierpapier mit 80 g/m² dafür bestens geeignet. Das Papier ist dünn genug, damit Sie zum Verbessern der Entwürfe ein Blatt auf das andere legen können – unten liegt Ihre Skizze, die durch das obere Papier durchscheint. Auf dem oberen Papier können Sie vom Entwurf übernehmen, womit Sie zufrieden sind. Um am Layout und am Schriftbild mit Brushpens weiterzuarbeiten, empfiehlt es sich, auf glattes Transparentpapier oder sogar Butterbrotpapier umzusatteln. Über raues Druckerpapier gleiten die Stifte nicht besonders gut.

Das endgültige Lettering kommt am besten auf glattem, etwas stärkerem Papier zur Geltung. Das kann kostengünstiges, gestrichenes Druckerpapier mit einer Grammatur von 170 g/m² und mehr sein. Es gibt aber auch spezielles Lettering-Papier wie den Handlettering-Block von Hahnemühle.

ÜBRIGENS …

Auch dieses Buch und das dazugehörige Übungsbuch sind aus hochwertigem, glattem Papier gefertigt. Sie können in das Übungsbuch also direkt hineinmalen und Ihre Ideen in die Praxis umsetzen. Ein guter Weg ist es zudem, wenn Sie dieses Buch hier ebenfalls zum Üben nutzen. Legen Sie dafür Transparentpapier auf die Letterings, die Ihnen gefallen, denn dann können Sie diese mit dem Fineliner oder Brushpen direkt nachzeichnen. So lernt Ihre Hand, wie das Lettern geht, Sie trainieren Ihr Muskelgedächtnis und machen sich mit Ihren Werkzeugen vertraut.

① Serifenlose Schrift – Großbuchstaben

Wenn Sie einen Fineliner zur Hand nehmen und auf einem karierten Blatt Papier jedes Kästchen mit einem Druckbuchstaben füllen, werden Ihre so notierten Buchstaben höchstwahrscheinlich einer heutzutage sehr gängigen Schriftfamilie entstammen: der serifenlosen Schrift.

Denn sobald keine Querstriche als Abschlüsse an den Buchstaben zu finden sind, liegt eine Schriftart aus der Familie „Sans Serif“ vor. Das Wort „sans“ kommt aus dem Französischen und heißt „ohne“. Die Querstriche, die bei dieser Schriftfamilie allerdings eben nicht vorkommen, werden Serifen genannt. Manchmal wird diese Schriftfamilie auch als „Grotesk“ bezeichnet.

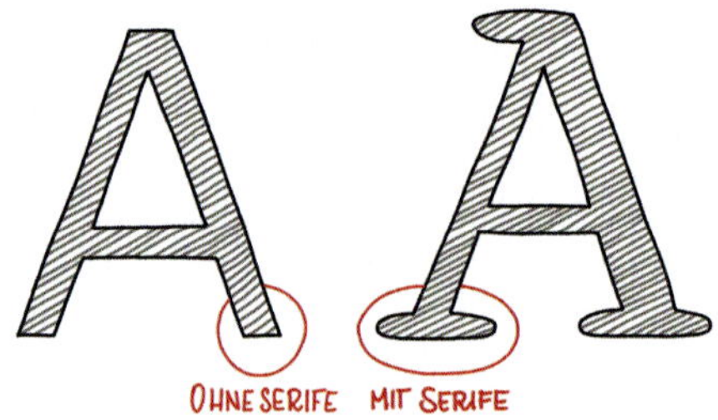

Zum Einstieg ins Handlettering eignen sich serifenlose Schriften besonders gut, denn wenn Sie diese zeichnen, können Sie sich auf die Grundform konzentrieren und daraus unzählige Varianten erzeugen. Alles, was Sie in diesem Zusammenhang lernen, können Sie später ebenso bei den Serifenschriften anwenden.

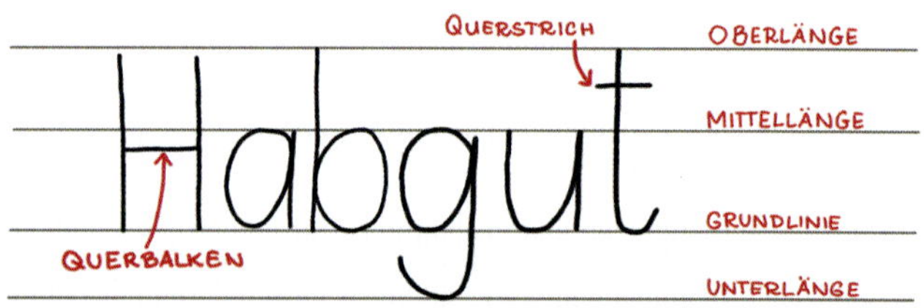

DIE SCHRIFT VARIIEREN

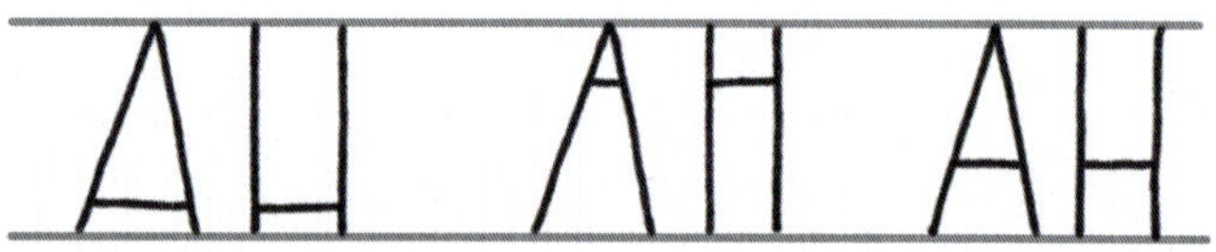

Wenn Sie entscheiden, eine Schrift lang und schmal, breit und rund oder auseinandergezogen darzustellen, beeinflussen Sie die Wirkung der Schrift damit grundlegend. Auch wenn Sie die Querbalken der Buchstaben A, E, F und H besonders hoch oder extrem tief setzen, hat dies Folgen für die Anmutung Ihres Letterings. Arbeiten Sie beim Lettern deshalb mit Hilfslinien, richten Sie Ihre Schrift daran aus und zeichnen Sie auch zwischen Grundlinie und Oberlänge eine zusätzliche Orientierungslinie ein. Sie hilft Ihnen, die Proportionen zwischen Ober- und Unterlänge einzuhalten.

ÜBRIGENS ...

Runde Formen können Sie kreisförmig oder oval gestalten, um Ihrem Schriftbild ein spezifisches Aussehen zu verleihen. Und auch die senkrechten Balken müssen nicht immer vertikal verlaufen – probieren Sie verschiedene Winkel aus.

ABCDEFGHIJKLMNOPQRSTUVWXYZ

A

Die schmalen Buchstaben haben eine relativ hoch angesetzte Mittellinie gemeinsam.

ABCDEFGHIJKLMNOPQRSTUVWXYZ

A

Hier ist die Mittellinie tiefer angelegt, die Querbalken sind geschwungen.

ABCDEFGHIJKLMNOPQRSTUVWXYZ

A

Sämtliche waagerechte Linien dieser Schrift streben nach oben.

aBCDefGHIJKLmnoPQRStuVWXYZ

a

Groß- und Kleinbuchstaben sind hier scheinbar willkürlich gemischt, runde Formen werden bevorzugt.

ABCDEFGHIJKLM
NOPQRSTUVW
XYZ A

Dieses Alphabet ist sehr breit und hat extrem tief liegende Querbalken.

SCHAU AUCH INS ÜBUNGSBUCH SEITE 6

2 Serifenlose Schrift – Kleinbuchstaben

Die Kleinbuchstaben (Minuskeln) lassen sich ebenso variieren wie die Großbuchstaben (Majuskeln oder Versalien). Sie können ihre Formen kreisrund halten oder oval, ja, Sie können sie fast spitz zulaufen lassen. Oder Sie ändern bei gleicher Schriftart den sogenannten Schriftschnitt. Das bedeutet, Sie malen die Buchstaben besonders fett oder verändern deren Breite.

schmal breit *kursiv* **fett**

Einige Kleinbuchstaben sind bei unterschiedlichen Schriftarten in verschiedenen Ausführungen zu finden. Auch hier bietet sich wieder eine Gelegenheit für Sie, Abwechslung ins Lettering zu bringen.

aa gg kk yy

Natürlich sollten Sie Groß- und Kleinbuchstaben nicht getrennt voneinander betrachten, schließlich sollen sie zusammenpassen und ein harmonisches Schriftbild ergeben. Wenn Sie also besonders breite Großbuchstaben zeichnen, sollten sich die Kleinbuchstaben an das Schema anpassen. Stehen die senkrechten Linien der Kleinbuchstaben schräg zur Grundlinie, dann sollten auch die Großbuchstaben kursiv geschrieben sein.

Serifenlos

und trotzdem glücklich

Tipp

Beim Handlettering erreichen Sie eine fette Schrift am einfachsten, indem Sie bei gleicher Schriftgröße einen dickeren Stift verwenden. Wenn Sie möchten, können Sie anschließend die Ecken mit einem Fineliner ausarbeiten und etwas kantiger machen.

SCHAU AUCH INS ÜBUNGSBUCH SEITE 8

abcdefghijklmnopqrstuvwxyz

abcdefghijklmnopqrstuvwxyz

abcdefghijklmnopqrstuvwxyz

abcdefghijklmnopqrstuvwxyz

Ich bin schockiert.

*Oder wie heißt das,
wenn man sich mit Schokolade vollkleckert?*

SANS SERIF

sans bedeutet „ohne"

3 Größenunterschiede

Lettern ist natürlich mehr als das Aufreihen von Buchstaben. Lettern heißt, eine Botschaft so zu vermitteln, dass sie interessant und optisch ansprechend, aber immer noch leserlich ist.

Sie können Textbausteine hervorheben, indem Sie die Buchstaben größer oder fetter zeichnen. Oder Sie verwenden nur Großbuchstaben oder benutzen eine andere Farbe für bestimmte Wörter – auch das sind Mittel und Wege, um beim Lettern etwas zu betonen.

Lettering beginnt immer mit einer Planung: Entscheiden Sie sich zunächst für einen Text, den Sie lettern möchten. Ermitteln Sie anschließend, welche Wörter für Sie die größte Relevanz haben und überlegen Sie sich, wie Sie diese optisch hervorheben wollen. Beginnen Sie erst nach diesen beiden Schritten mit dem Skizzieren Ihrer Ideen.

mit dem
ZUFRIEDEN
sein, was man hat,
ist wahrer
REICHTUM

Tipp

Nehmen Sie sich folgenden Spruch vor, um sich beim Auswählen wichtiger Textbausteine auszuprobieren. „Kaffee erreicht Stellen, da kommt die Motivation niemals hin." Unterstreichen Sie zwei bis vier Wörter, die Ihnen bedeutend erscheinen. Hierbei gibt es kein richtig und falsch. Gerade Ihre eigene Interpretation gibt Ihrem Lettering seine persönliche Note.

SCHAU AUCH INS ÜBUNGSBUCH SEITE 10

Eine gute Übung ist es auch, wenn Sie den Schriftzug auf der nächsten Seite mit einem Filzstift nachziehen. Wenn Sie möchten, können Sie verschiedene Farben verwenden.

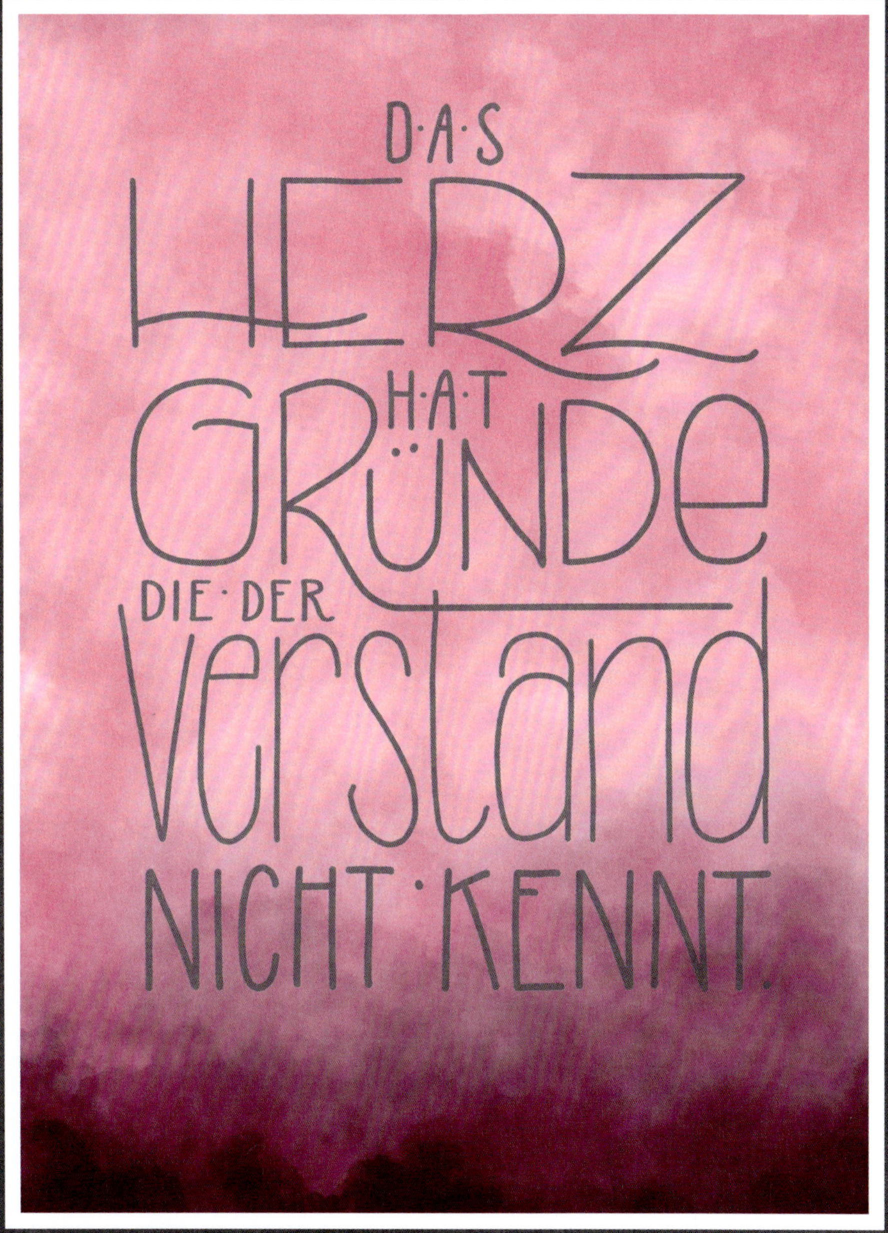
DAS HERZ HAT GRÜNDE DIE DER VERSTAND NICHT KENNT.

4 Buchstabenskelett

Wenn Sie die serifenlose Schrift ein wenig geübt haben, haben Sie die Basis für eine Fülle von Schriftvariationen geschaffen. Die einfachen Schriftzeichen ohne Serifen können Sie von nun an als Skelett benutzen, um den Buchstaben anschließend unterschiedliche Körper zu geben.

Mit den Buchstabenkörpern geben Sie den Buchstabenskeletten in gewisser Weise ihr „Fleisch" – die Buchstabenkörper können dick oder dünn, geschwungen oder gerade sein. Wenn Sie alle Buchstaben ausgestaltet haben, ist es Zeit für den Einsatz von Farbe und Dekoration.

Natürlich können Sie Ihr Lettering auch schwarz-weiß belassen. Dann wird es besonders interessant, wenn sowohl schlanke bzw. hell belassene als auch dicke, ausgemalte Worte in Ihrer Gestaltung zu finden sind.

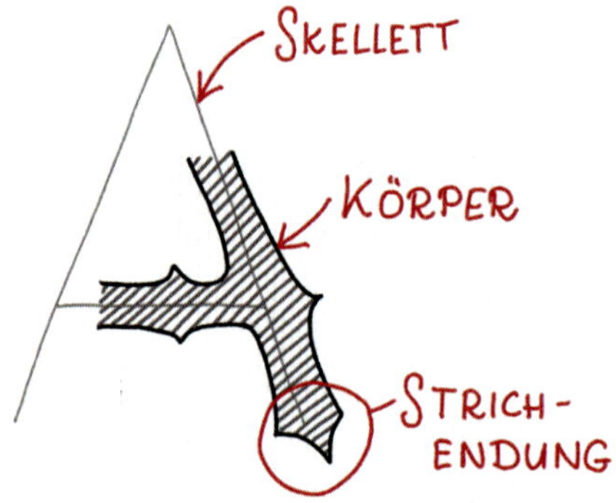

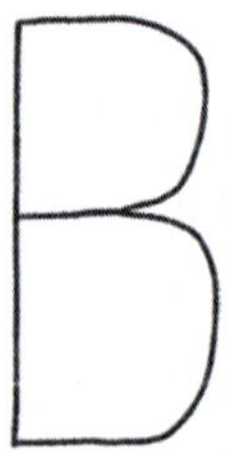

Schritt 1

Zeichnen Sie Ihr Buchstabenskelett in gewünschter Größe und Ausprägung mit Bleistift vor. Lassen Sie ausreichend Platz zwischen den Buchstaben, wenn Sie ein Wort lettern.

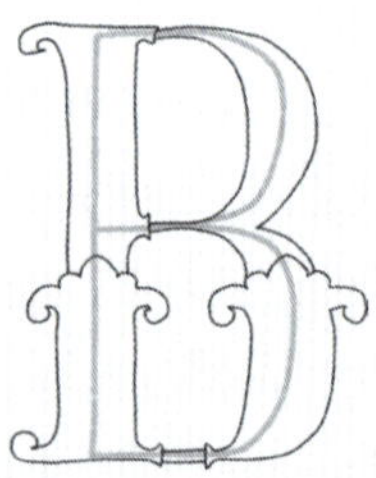

Schritt 2

Malen Sie nun den Buchstabenkörper und orientieren Sie sich dabei am Skelett. Die Vorzeichnung können Sie anschließend wegradieren.

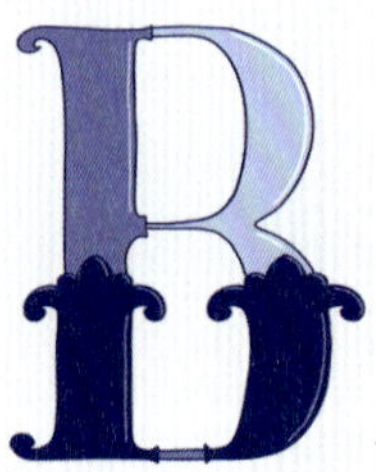

Schritt 3

Füllen Sie den Körper mit einem Muster oder einer Farbe Ihrer Wahl. Schatten und Highlights geben einen schönen 3-D-Effekt.

SCHAU AUCH INS ÜBUNGSBUCH SEITE 12

Hier können Sie ausprobieren, wie Sie einen Buchstaben ausgestalten. Das Beispiel links zeigt Ihnen eine einfache Variante. Verwenden Sie einen Fineliner und verzichten Sie auf Hilfsmittel. Ein Lineal ist weder nötig noch nützlich – Ihr Lettering wird gerade dadurch charmant, dass Ihre Linien nicht perfekt sind.

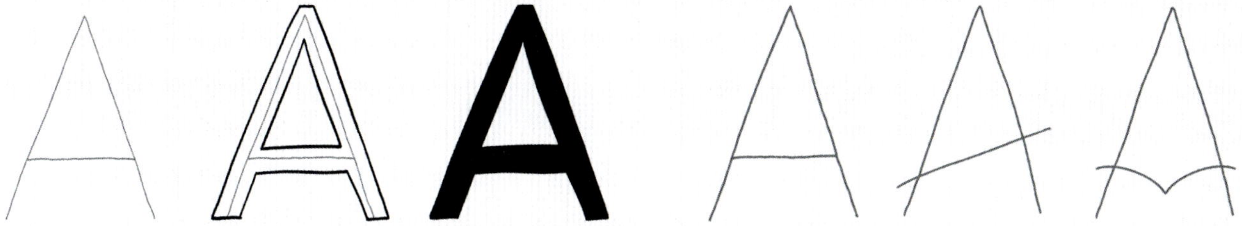

Eine weitere Übung können Sie mit den unten stehenden Buchstaben durchführen, indem Sie die Buchstaben F und D vervollständigen, wie im Beispiel gezeigt. Schattieren Sie das F mit einem Bleistift und kolorieren Sie das D mit bunten Finelinern.

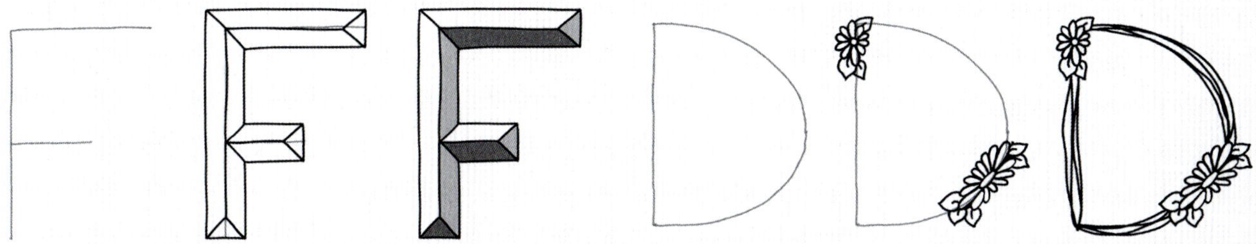

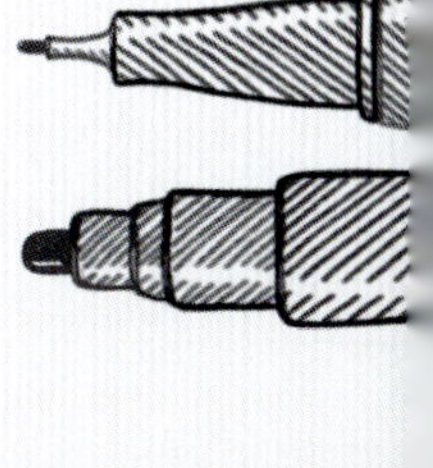

5 Dreidimensionale Schrift

Wenn Sie einem Buchstabenskelett einen Körper gegeben haben, können Sie an den Buchstaben eine dritte Dimension zeichnen. Sehen Sie sich die Verwandlung des oben stehenden Rechtecks an, denn das Prinzip ist für die Schrift identisch.

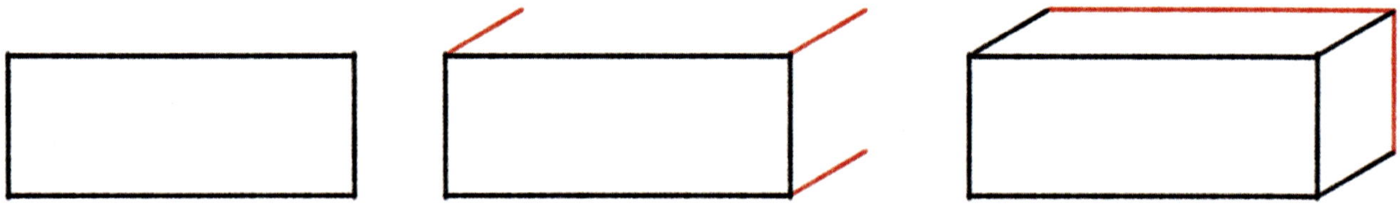

Zunächst ist das Rechteck flach. Im nächsten Schritt werden alle Ecken mit gleich langen Strichen versehen, die Striche dürfen dabei in eine beliebige Richtung laufen. Wichtig ist, dass die Fläche des ursprünglichen Rechtecks nicht übermalt wird. Zuletzt werden die Enden der Striche verbunden – diese Verbindungen verlaufen dabei parallel zu den Außenkanten des Rechtecks. Und schon ist das dreidimensionale Objekt fertig gestaltet.

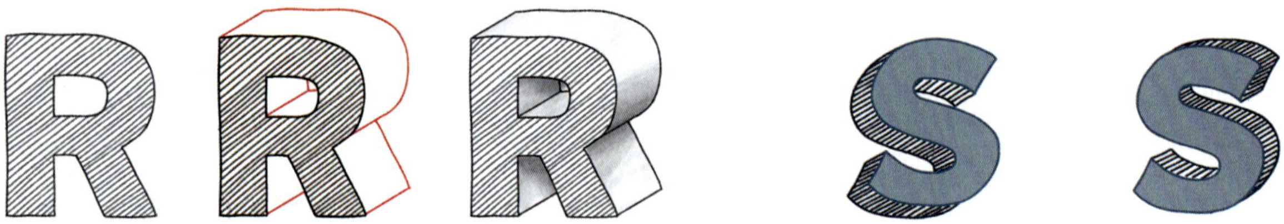

So wie bei dem Rechteck können Sie bei jeder Form verfahren – also auch bei Ihren Buchstaben. Die Striche, die Sie an den Ecken hinzufügen, sollten gleich lang und parallel sein. Verfolgen Sie beim Verbinden der Striche möglichst genau die Außenkante der Schrift – selbst bei Buchstaben mit Bögen und Schlaufen klappt es dann mit der dreidimensionalen Darstellung.

Je nachdem, in welche Richtung Ihre Striche zeigen, wirkt es auf den Betrachter so, als ob er den Buchstaben von der einen oder von der anderen Seite betrachtet.

SCHAU AUCH INS ÜBUNGSBUCH SEITE 14

Sie können das Ganze auch kunstvoll übertreiben, so wie das im Beispiel „hoch" gemacht ist. Für ein gut lesbares Handlettering reicht es allerdings aus, wenn die Länge der Striche für den 3-D-Effekt etwa der Breite der dicken Abstriche entspricht.

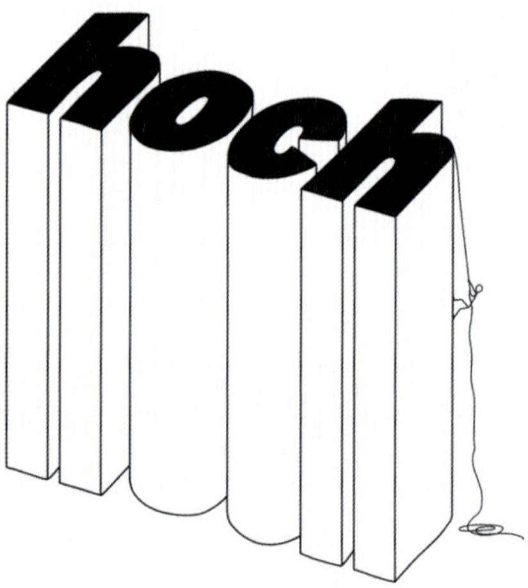

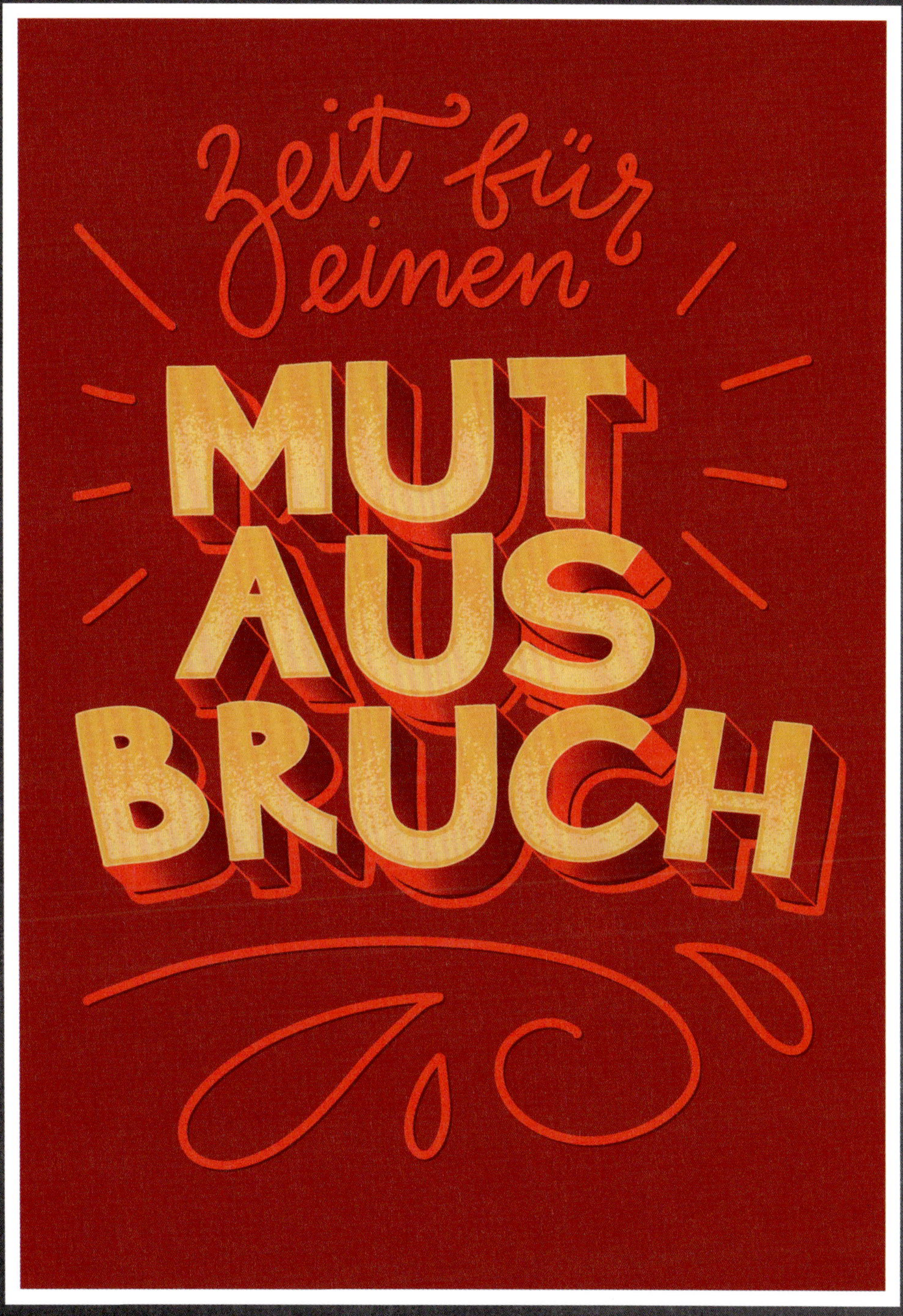
Zeit für einen
MUT
AUS
BRUCH

6 Serifenschrift

Serifenschriften zeichnen sich dadurch aus, dass die Enden der Striche, aus denen die Buchstaben bestehen, auf besondere Weise abgeschlossen sind: Quer zum Strichverlauf beendet hier ein zusätzliches Element den Buchstabenkörper. Dieses zusätzliche Element ist die sogenannte Serife.

Die Serifen können tatsächlich sehr unterschiedliche Formen annehmen. Die Querstriche können aus einer einzigen feinen Linie bestehen, ein dickes Rechteck bilden oder rund und verschnörkelt sein. Die Linien können aber auch spitz zulaufen oder in die Breite gehen, einfache geometrische Formen aufweisen oder komplexe Gebilde darstellen.

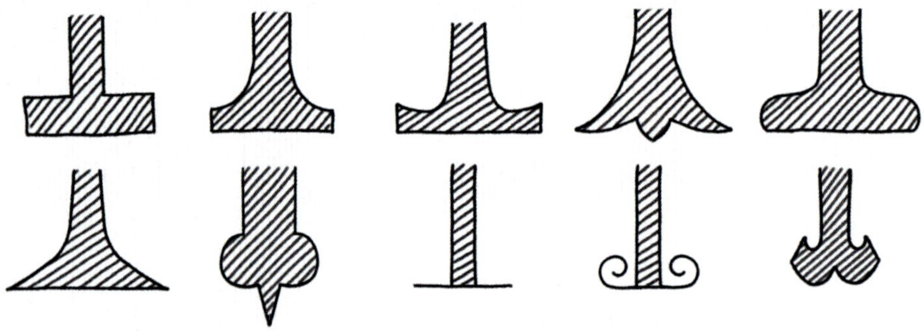

Links sehen Sie einige Beispiele für kunstvolle Serifen. Ihr Lettering bekommt durch den Einsatz solcher Serifen ein ganz neues Aussehen, probieren Sie daher immer wieder neue Formen aus.

Beim Handlettering haben Sie die künstlerische Freiheit, Serifen überall dort anzubringen, wo Sie möchten. Eine einfache Serifenschrift kann wie die unten stehende aussehen.

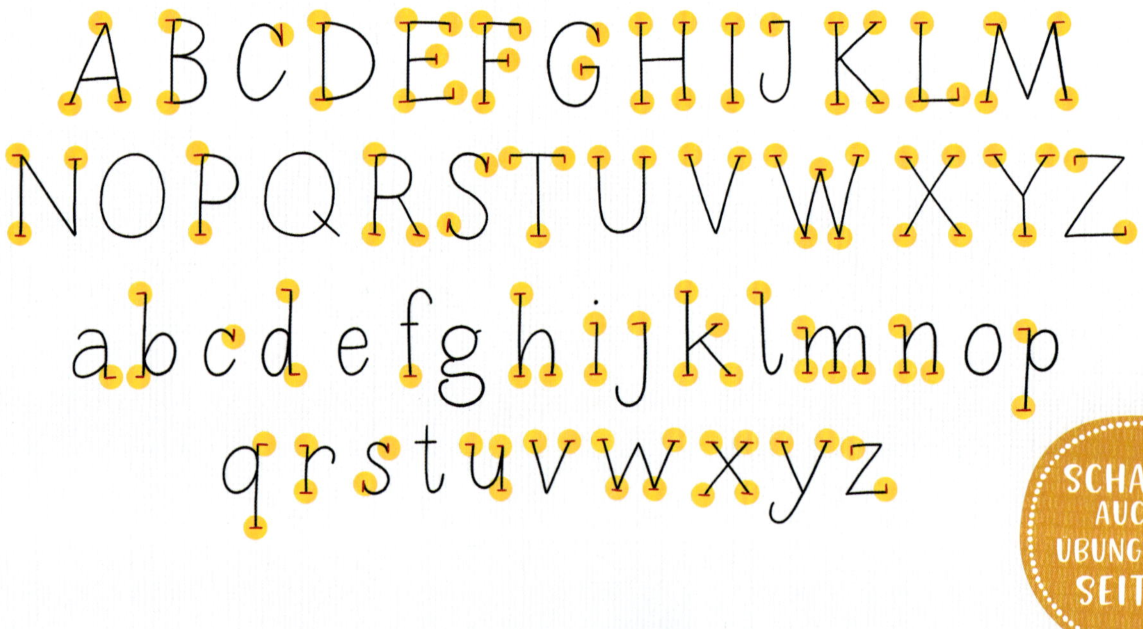

SCHAU AUCH INS ÜBUNGSBUCH SEITE 16

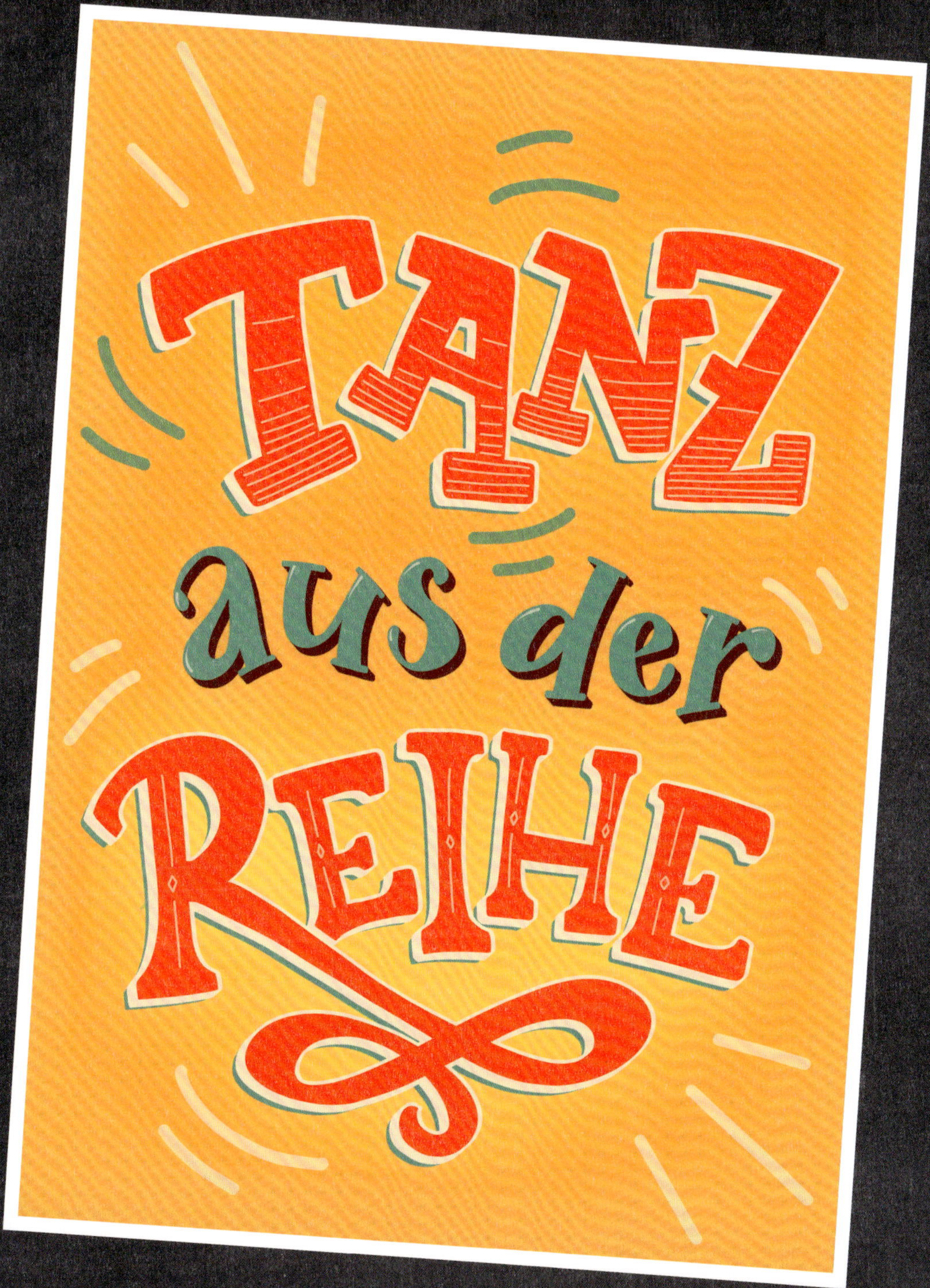
TANZ
aus der
REIHE

7 Strichstärke

Die Strichstärke, also die Dicke der einzelnen Linien, aus denen Ihre Buchstaben aufgebaut sind, muss keineswegs gleichbleibend sein. Ganz im Gegenteil: Die Verwendung von dicken und dünnen Linien innerhalb eines Buchstabens, sieht sehr interessant aus. Je mehr sich die Strichstärken innerhalb eines Buchstaben voneinander unterscheiden, desto höher ist der sogenannte Kontrast.

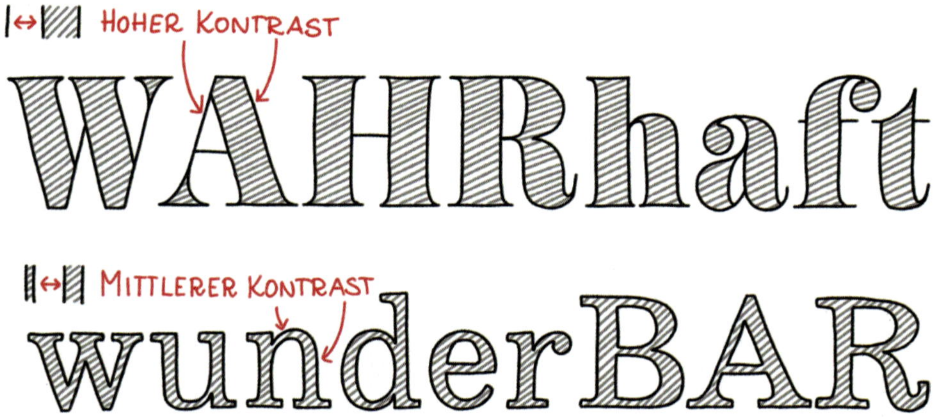

Es trägt tatsächlich wesentlich zum Erscheinungsbild Ihres Letterings bei, welche Linien Sie fett und welche Sie fein malen. Ein harmonischer Eindruck entsteht, wenn die Querbalken (wie es sie beispielsweise beim A und H gibt) dünn sind. Ein diagonal verlaufender Balken (so wie etwa beim N) sollte dagegen dick sein.

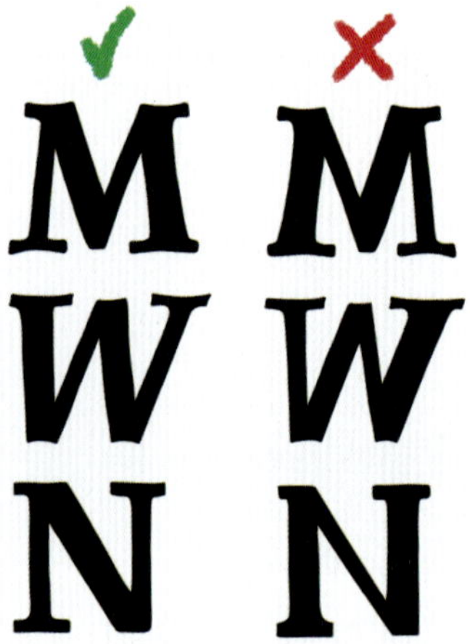

Wie immer steht es Ihnen frei, beim Handlettering Regeln zu brechen, wenn es gut aussieht. Am Beispiel der drei Großbuchstaben M, W und N jedoch werden Sie feststellen, dass Ihr Auge so sehr an die bestehenden Prinzipien gewöhnt ist, dass die „falsch“ gemalten Buchstaben Ihnen merkwürdig vorkommen.

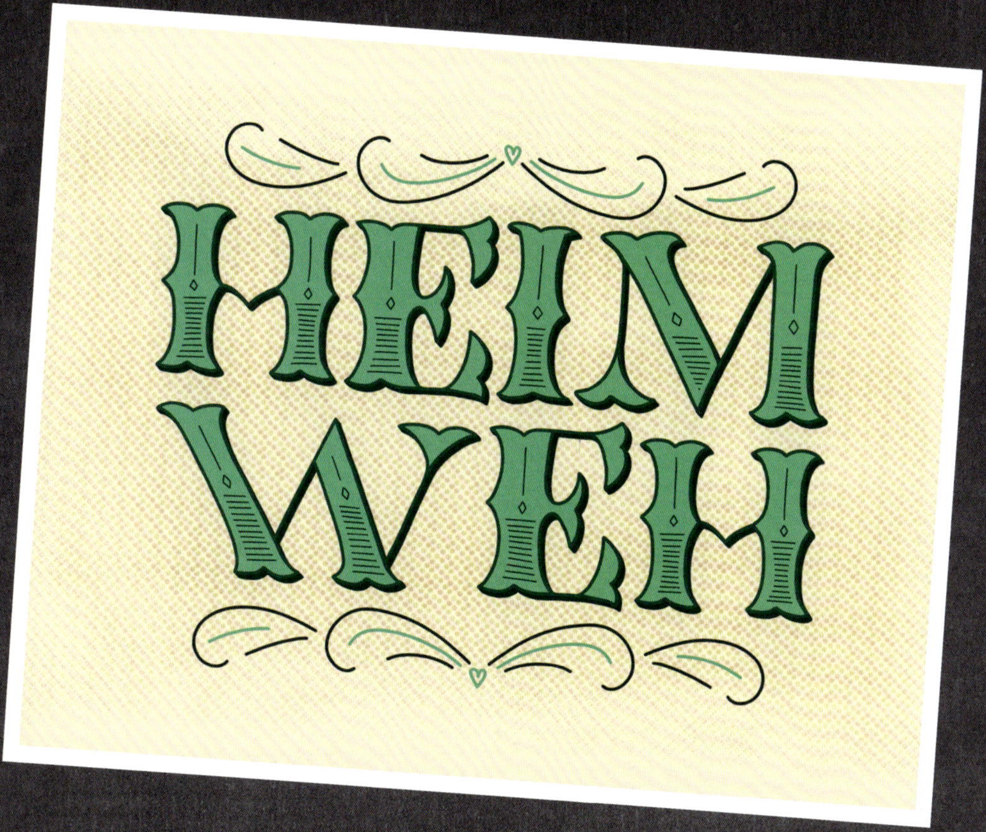
HEIM
WEH

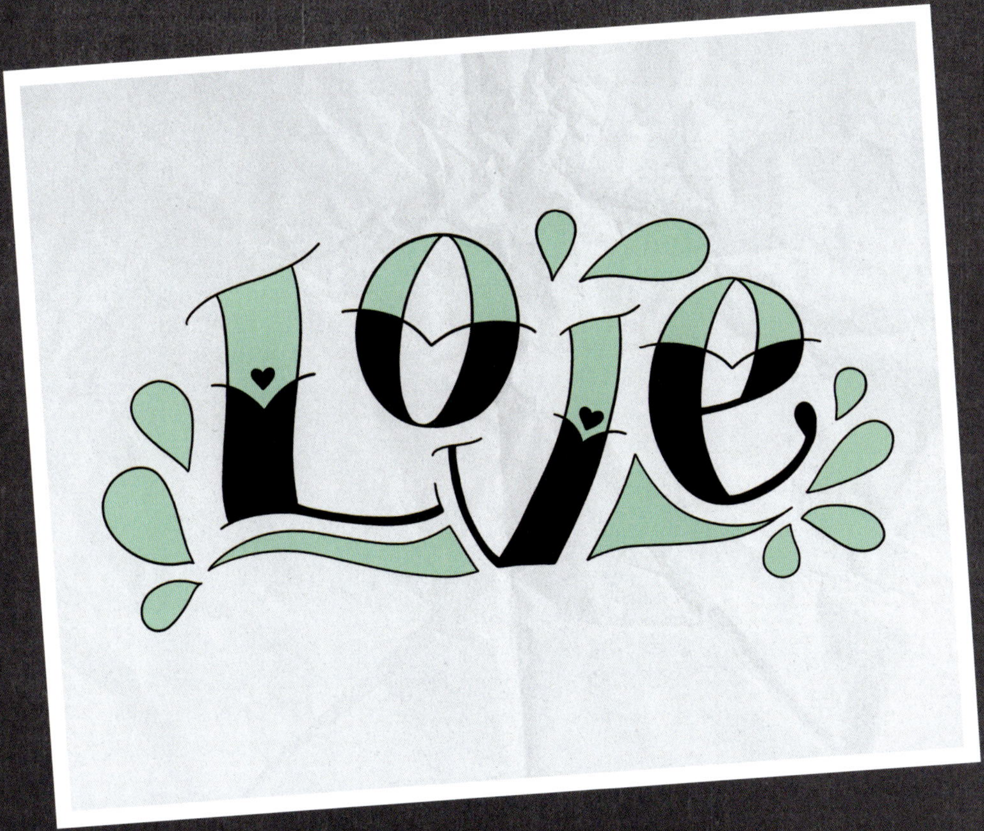
Love

8 Lettern mit und ohne Serifen

Mit dem Wissen, das Ihnen dieses Buch bisher vermittelt hat, können Sie bereits originelle und vielseitige Letterings erschaffen. Suchen Sie sich einen Spruch aus, den Sie mögen, und los geht's.

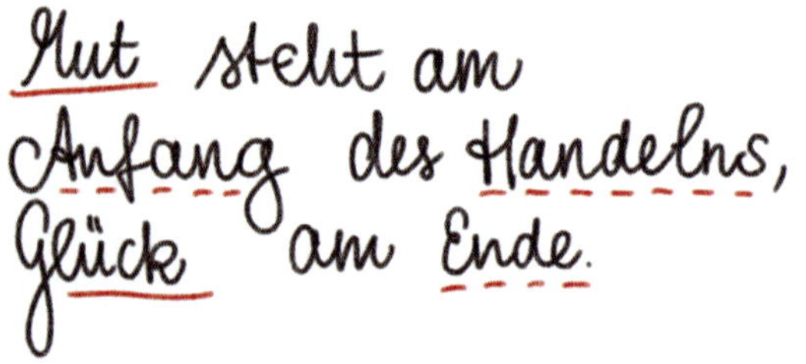

Schritt 1

Schreiben Sie den Text auf und markieren Sie die wichtigsten Wörter. Sie können auch eine dritte Hierarchiestufe hinzufügen. Am besten lesen Sie sich den Text laut vor und achten auf Ihre Betonung. Dann fällt Ihnen die Auswahl leichter.

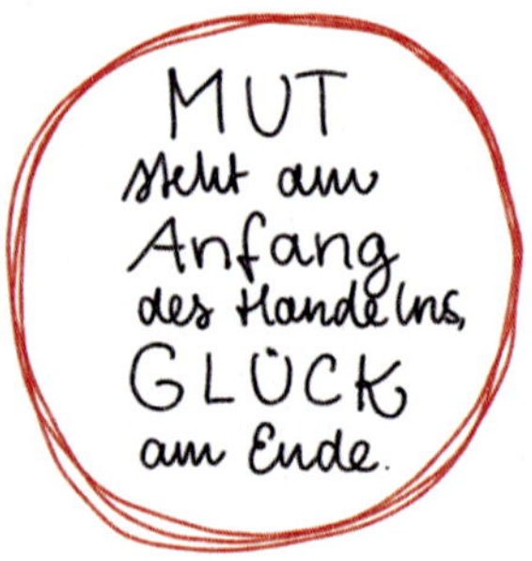

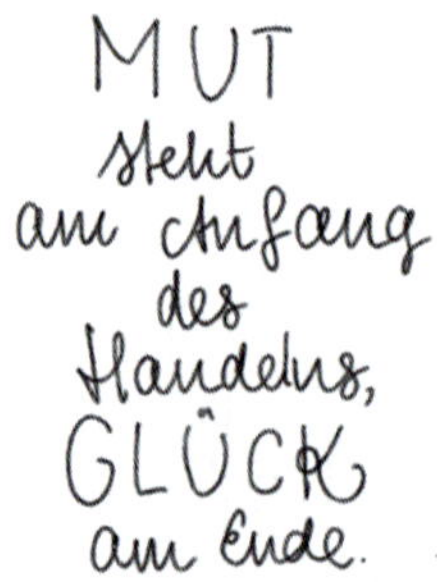

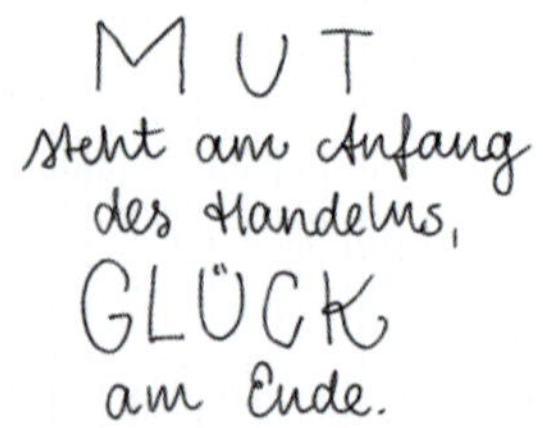

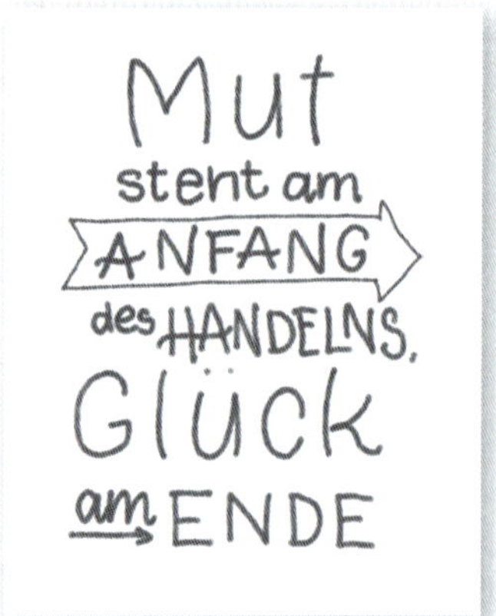

Schritt 2

Skizzieren Sie die Wörter in verschiedenen Varianten im Kleinformat und probieren Sie dabei aus, wie sie neben- und untereinander aussehen. Dabei sollten die wichtigen Wörter deutlich größer gestaltet werden, sodass sie sich vom Rest des Textes abheben. Wählen Sie anschließend die Version aus, die Ihnen am besten gefällt.

Schritt 3

Zeichnen Sie nun mit Bleistift das Buchstabenskelett Ihres gesamten Textes in Originalgröße. Beginnen Sie mit den großen Wörtern und lassen Sie genug Platz für alles Weitere.

Schritt 4

Fügen Sie die Buchstabenkörper hinzu – auch diese können Sie mit Bleistift vorzeichnen. Zum Schluss arbeiten Sie Ihre Reinzeichnung mit Finelinern oder Filzstiften aus. Wenn Sie dünnes Papier benutzen, können Sie Ihre Reinzeichnung auch auf einem neuen sauberen Blatt beginnen. Legen Sie Ihre Skizze einfach unter dieses Papier und fertigen Sie die Reinzeichnung an. Das Gute ist, dass Sie zum Schluss dann nicht radieren müssen.

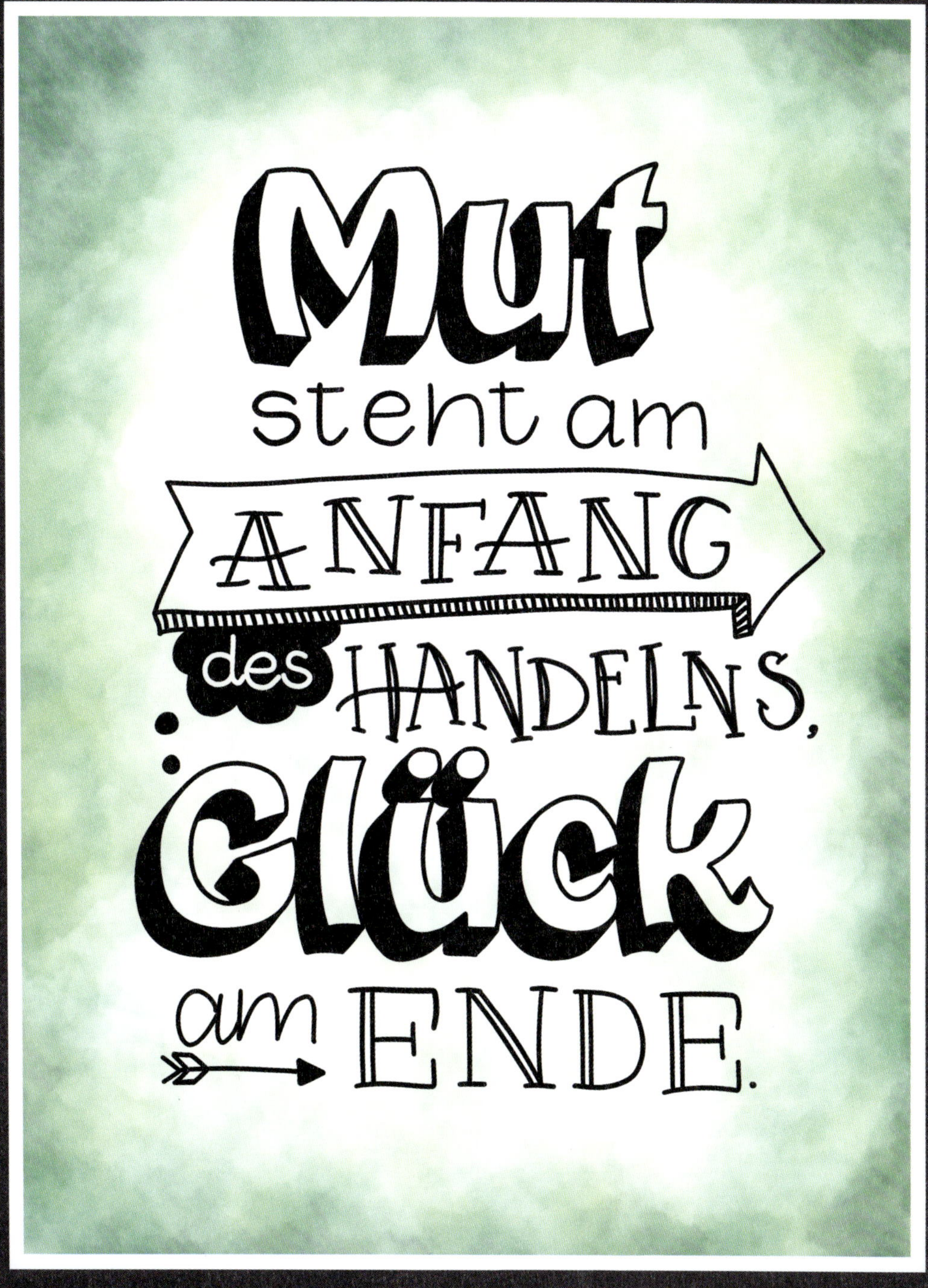
Mut
steht am
ANFANG
des HANDELNS,
Glück
am ENDE.

9 Schreibschrift

Die Schreibschrift – auch Script genannt – zeichnet sich dadurch aus, dass sie mit möglichst wenigen Unterbrechungen geschrieben wird. Dadurch wirkt sie sehr zusammenhängend. In ihrer Grundform erinnert die Schreibschrift an die Art des Schreibens, die Schulanfänger lernen.

abcdefghijklmnopqrstuvwxyz

ABCDEFGHIJKLMNOPQRSTUVWXYZ

Das Gras wächst grüner,
wenn du es wässerst.

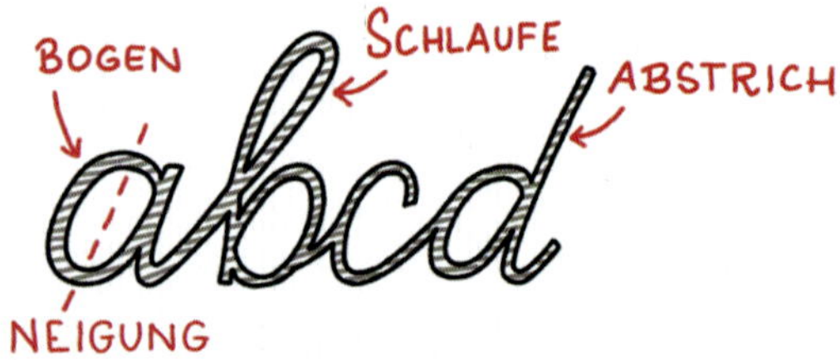

Durch die Verbindungen zwischen den Buchstaben entsteht der Anschein, als wäre der Text in einem Zug durchgeschrieben. Beim Lettern sollten Sie jedoch auf keinen Fall versuchen, möglichst viele Buchstaben hintereinander zu schreiben, ohne den Stift abzusetzen. Ganz im Gegenteil: Unterteilen Sie die Buchstaben in Ovale, Schlaufen und Abstriche und zeichnen Sie jeden davon einzeln.

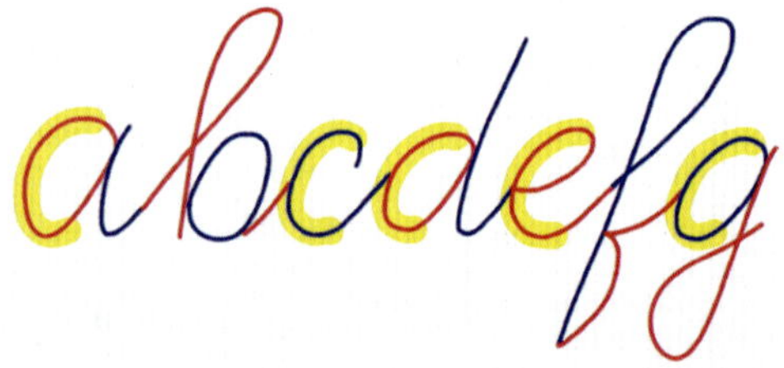

Die verschiedenen Farben machen deutlich, wie sich die Buchstaben zusammensetzen. In Rot und Blau sehen Sie die einzelnen Striche, in Gelb sind die Bögen markiert, die sich möglichst in ihrer Rundung gleichen sollten. Auch die Abstriche und Schlaufen sollten sich in Neigung, Länge und Form so weit wie möglich ähneln.

SCHAU AUCH INS ÜBUNGSBUCH SEITE 20

Kurz-GEDICHT

Ich lerne
nicht gerne

10 Monoline Lettering

Ein Schriftzug, der mit einer einheitlichen Strichstärke gemalt ist, wird Monoline Lettering genannt. Eine besonders schöne Wirkung erzielen Sie mit einem relativ dicken Filzstift oder Permanentmarker von ca. 3 mm Strichbreite und einer Schreibschrift.

Monoline Script

Monoline Letterings gelingen Ihnen auch ohne Vorzeichnen der Buchstabenformen. Sie sollten sich jedoch die Grundlinie und die Mittellinie einzeichnen und diese möglichst einhalten. Wie es für Schreibschriften immer gilt, erzielen Sie auch hier die beste Wirkung, wenn Sie gleichmäßige Bögen und Schlaufen kreieren.

Tipp

Machen Sie vor jedem Monoline Lettering auf einem Schmierblatt einige Übungsstriche mit Ihrem Filzstift oder Marker. Achten Sie dabei auf gleichmäßige Abstände und Strichlängen. Sie trainieren dadurch nicht nur Ihr Auge, sondern auch Ihr Muskelgedächtnis. Der Effekt regelmäßiger Übung wird sich in Ihrem Lettering deutlich zeigen.

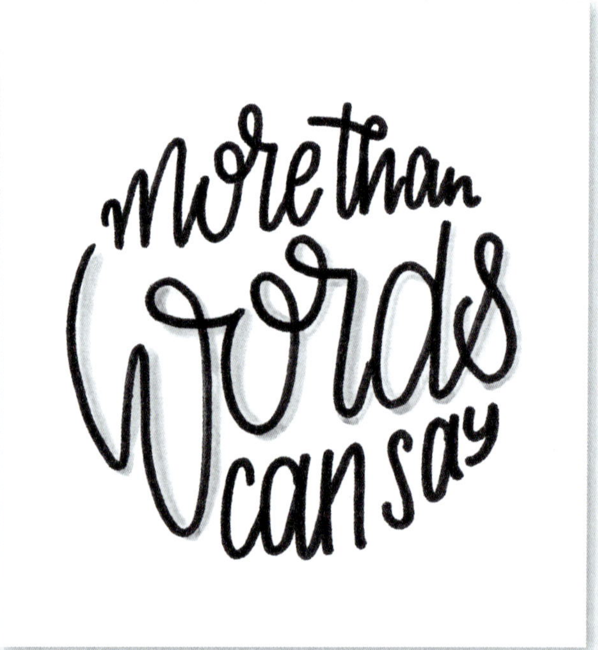

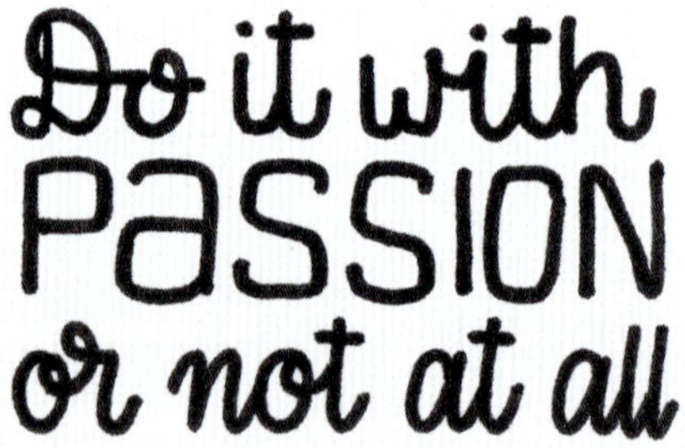

11 Monoline mit Schatteneffekt

Sie können ein Monoline Lettering, das Sie mit einem dicken Stift in nicht allzu dunkler Farbe geletterrt haben, mit Schatteneffekten aufpeppen. Nehmen Sie einen dunkleren Marker, Filz-, Blei- oder Buntstift und arbeiten Sie mit diesem die Stellen nach, an denen sich Linien berühren oder überschneiden. Durch die Verdunklungen entstehen schöne Schatteneffekte. Der Schriftzug wirkt durch die Schatten fast dreidimensional – Ihr Lettering wird zum echten Hingucker!

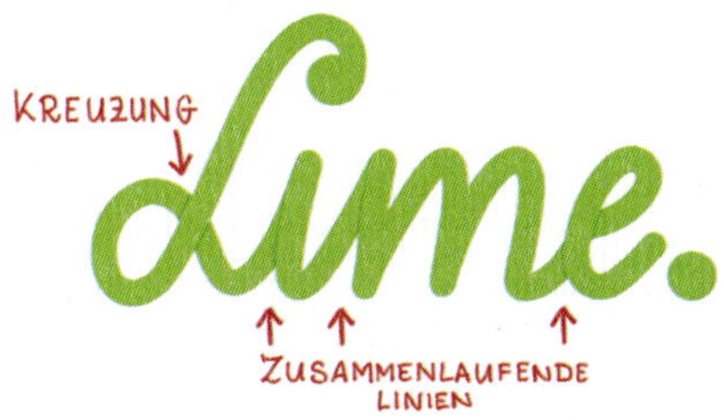

Schritt 1

Lettern Sie zuerst Ihren Text und radieren Sie gegebenenfalls noch sichtbare Hilfslinien weg. Machen Sie die Stellen ausfindig, an denen sich Linien überkreuzen. Auch zusammenlaufende Linien können schattiert werden. Ziehen Sie mit einem Ihrer dunkleren Stifte dort einen schwachen Strich, wo sich der Rand der Buchstabenlinie befinden würde, wenn die zweite Linie nicht darüber gemalt worden wäre.

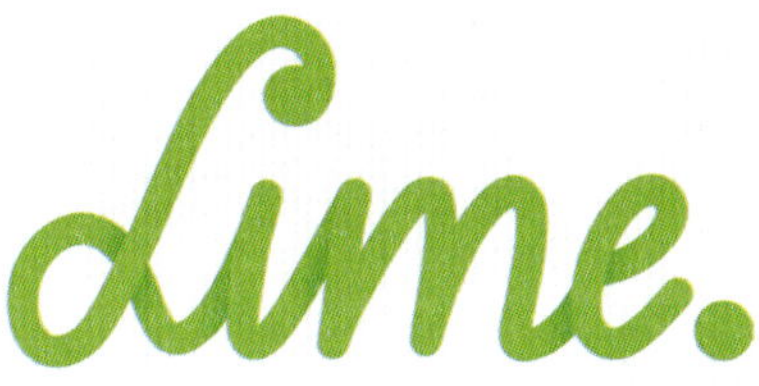

Schritt 2

Zeichnen Sie nun einen sanft ausklingenden Schattenverlauf bei jedem Strich, den Sie eingezeichnet haben. Achten Sie penibel darauf, wirklich nur auf der kreuzenden Linie zu schattieren – arbeiten Sie nicht in den Hintergrund oder die oben liegenden Linie hinein.

ÜBRIGENS ...

Im Übungsbuch haben Sie Gelegenheit, diese Art der Schattierung mit einem dunklen Buntstift oder einem weichen Bleistift auszuprobieren. Dort ist natürlich auch Platz für Ihre eigenen Monoline Letterings.

SCHAU AUCH INS ÜBUNGSBUCH SEITE 23

12 Faux Calligraphy

Als Faux Calligraphy („falsche Kalligrafie") wird die Methode bezeichnet, bei der mit einem Fineliner oder Filzstift der Effekt imitiert wird, den man normalerweise durch das Schreiben mit einer Spitzfeder erhält. Durch ein festeres Aufdrücken der abwärts geschriebenen Striche, der sogenannten Abstriche, werden diese dicker als die Aufstriche. Übrigens sind Sie bei der Faux Calligraphy nicht auf Fineliner oder Filzstift festgelegt. Sie erreichen mit jedem anderen Stift ein ähnliches Aussehen, wenn Sie die Abstriche verbreitern und anschließend ausmalen.

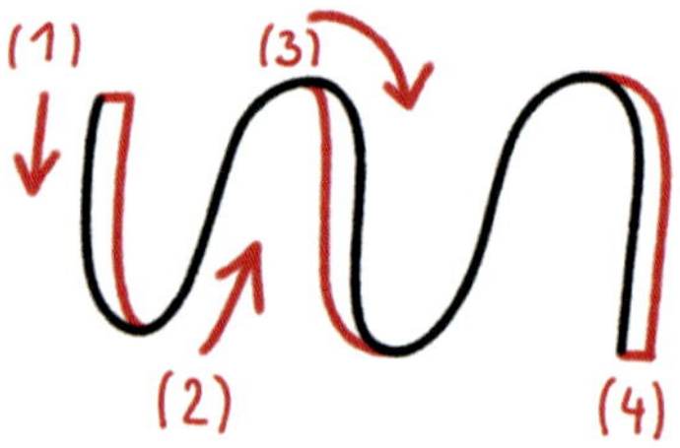

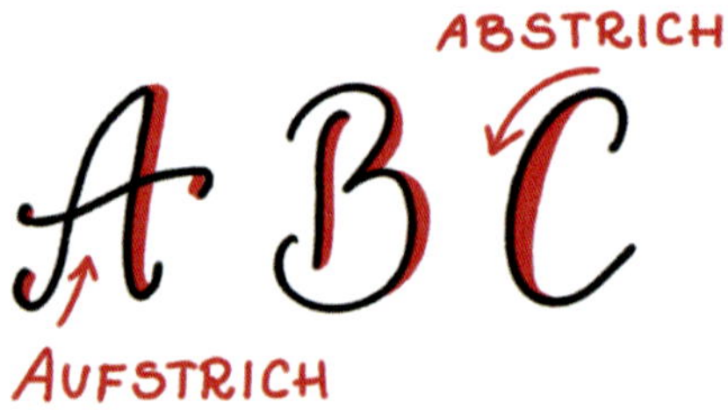

Um festzustellen, wo Sie den Strich verdicken müssen, fahren Sie den Buchstaben mit dem Stift in der Luft noch einmal nach. Wenn der Strich in Richtung Ihres Körpers verläuft, ziehen Sie bei dem Buchstaben auf Papier einen kurzen Strich zur Seite weg und verfolgen dann in einer parallelen Linie den Abstrich ganz genau (1). Sobald der Abstrich in einen Aufstrich übergeht oder endet, führen Sie Ihre Linie wieder zum Buchstaben zurück. Bei (2) sehen Sie, dass der Aufstrich (vom Körper weg) so belassen wird, wie er ist. Sobald er jedoch in einen Abstrich übergeht, wird wieder eine zweite Linie gezeichnet, die den ursprünglichen Strich wiederholt. Schließen Sie offene Parallelen immer ab – (1) und (4).

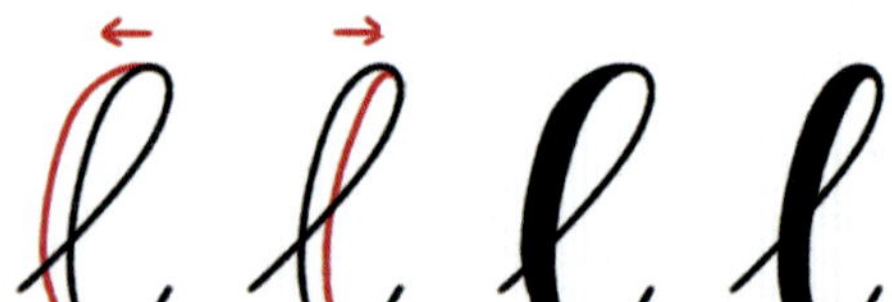

Je nachdem, wie es vom Platz her günstiger ist, können Sie die Parallele links oder rechts vom Originalstrich ziehen. Entscheiden Sie sich für eine Seite, sollten Sie möglichst über das gesamte Lettering hinweg bei dieser bleiben. Tun Sie das nicht, könnten Sie damit eine unerwünschte Veränderung Ihrer Buchstabenform erwirken. Im Beispiel links ist ein und dieselbe Schlaufe einmal nach links, einmal nach rechts verdickt. Die erste Variante wirkt insgesamt wuchtiger. Auch die unterschiedlich großen Leerräume innerhalb der Schlaufen würden womöglich auffallen, wären die beiden Buchstaben rechts gemeinsam in einem Lettering zu finden.

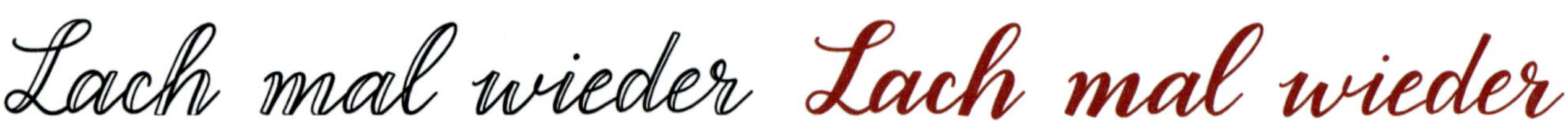

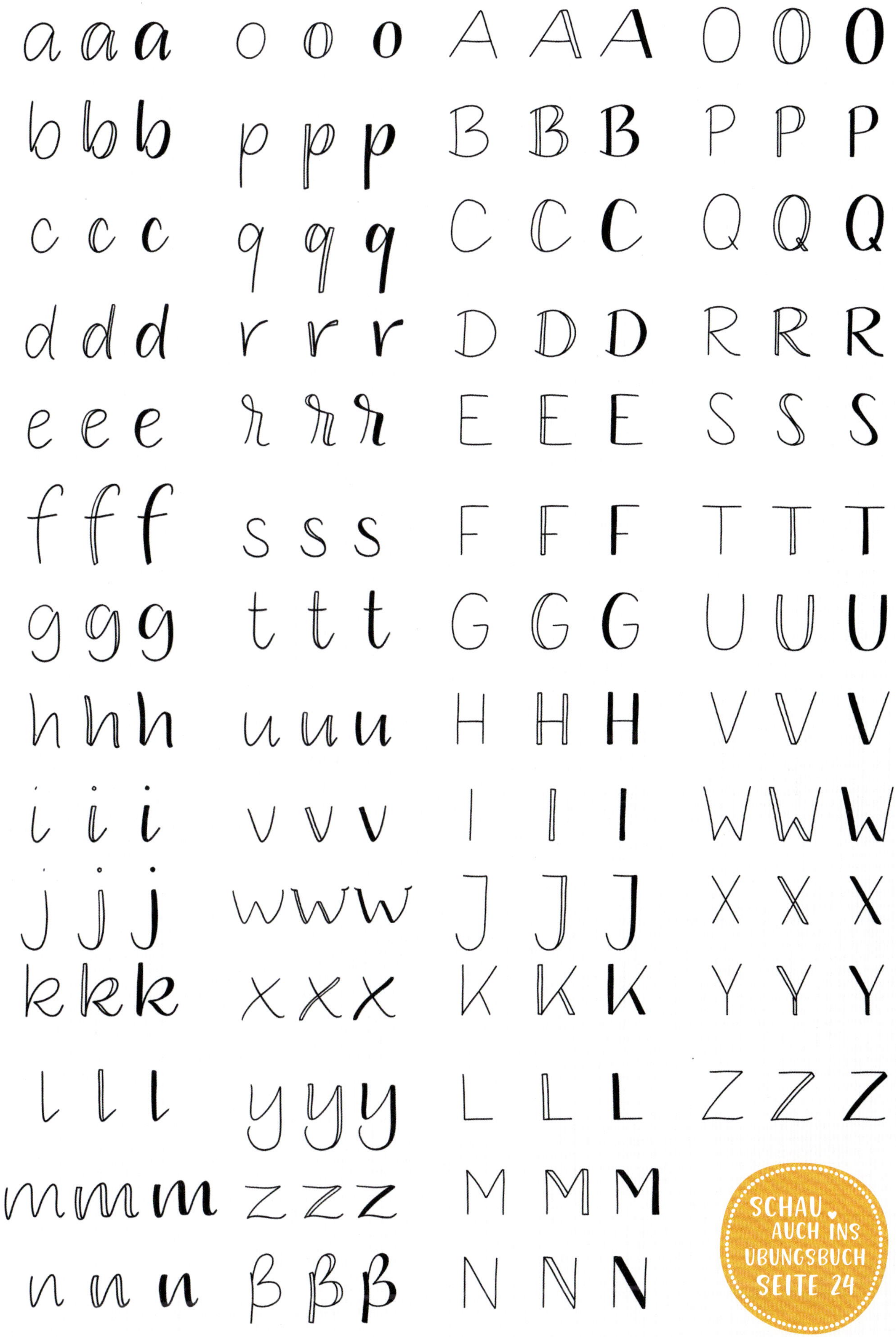

SCHAU AUCH INS UBUNGSBUCH SEITE 24

13 Kombination von Schriftfamilien

Die Schriftfamilien der Serifen- und serifenlosen Schriften sowie der Schreibschrift lassen sich ganz wunderbar miteinander kombinieren, sofern Sie die eine besonders üppig, die andere jedoch kleiner und zurückhaltender gestalten. Denn es gilt: Weniger ist manchmal mehr. Wenn Sie wichtige Wörter mit einer Serifenschrift und zusätzlicher Dekoration lettern, brauchen Sie einen ruhigen Ausgleich. Dafür eignen sich Buchstaben mit einer geringen Strichstärke ideal. Diese können in Schreib- oder Druckschrift gestaltet sein und sollten eine deutlich kleinere Schriftgröße aufweisen.

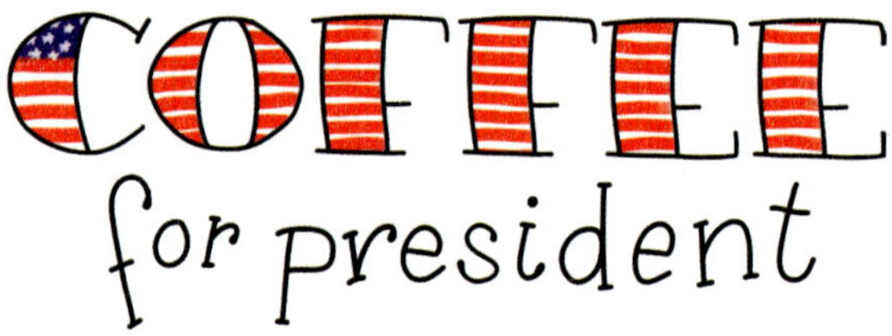

Bei Faux Calligraphy gilt ebenfalls: Weniger ist manchmal mehr. Da Sie Ihrer Schreibschrift mit der Verdickung einen hohen Kontrast geben, erhalten die derart geletterten Wörter die größte Aufmerksamkeit. Lettern Sie also die wichtigsten Bestandteile Ihres Spruchs mit dem Faux-Calligraphy-Effekt und belassen Sie die weniger wichtigen Teile zurückhaltend schlank.

Bei der Auswahl Ihrer Schriftfamilien sowie der zugehörigen Dekoration sollten Sie auch die Aussage Ihres Letterings bedenken. Eine verspielte Schreibschrift in Pink hat eine ganz andere Wirkung als eine grau-in-grau geletterte Sans-Serif-Schriftart. Es geht also nicht nur darum, die Schriftarten passend zueinander auszuwählen. Die Optik sollte auch zum Inhalt passen.

Sehen Sie sich das Beispiel auf Seite 29 an und vergleichen Sie es mit der Variante, die hier rechts abgebildet ist. Bei dem Lettering von dieser Seite ist die Betonung eindeutig anders. Natürlich können Sie so etwas als stilistisches Mittel einsetzen. Wichtig ist, dass Sie ein Bewusstsein dafür entwickeln und den Zusammenhang zwischen Optik und Inhalt bei Ihrer Komposition berücksichtigen.

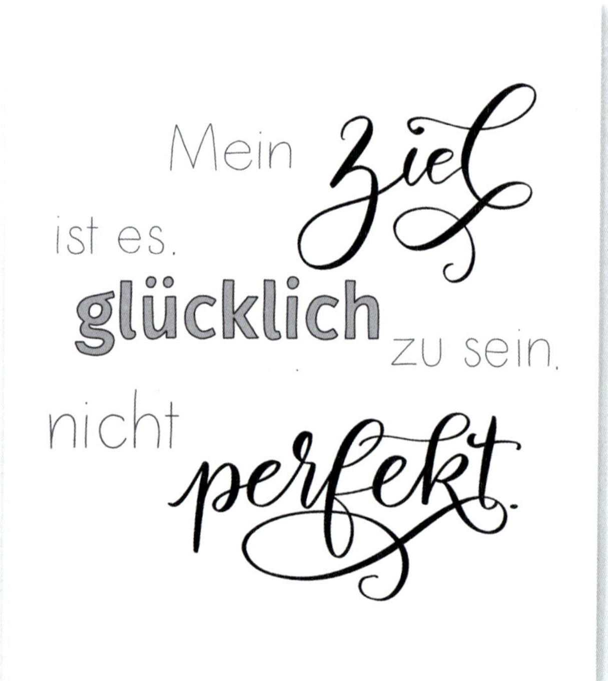

SCHAU AUCH INS ÜBUNGSBUCH SEITE 30

Mein ziel ist es, glücklich zu sein, nicht perfekt

14 Verschiedene Grundlinien

Die Grundlinie, auf der die Buchstaben stehen, muss keineswegs waagerecht oder gar gerade sein. Wollen Sie ein Wort auf eine schräg verlaufende Linie setzen, gibt es einige Dinge zu beachten.

Zum einen sollte die Linie entsprechend der Leserichtung von links nach rechts aufsteigend verlaufen – andersherum könnte es für den Betrachter wirken, als würden die Buchstaben rechts herunterfallen.

Zum anderen sollte die Neigung der Buchstaben (also die vertikalen Striche), nicht einfach senkrecht zur Grundlinie verlaufen. Wird das bei einer schräg verlaufenden Grundlinie gemacht, sieht es nämlich so aus, als würden die Buchstaben jeden Moment ihr Gleichgewicht verlieren und nach links umkippen. Besser ist es, die Buchstabenachse parallel zum Blattrand auszurichten.

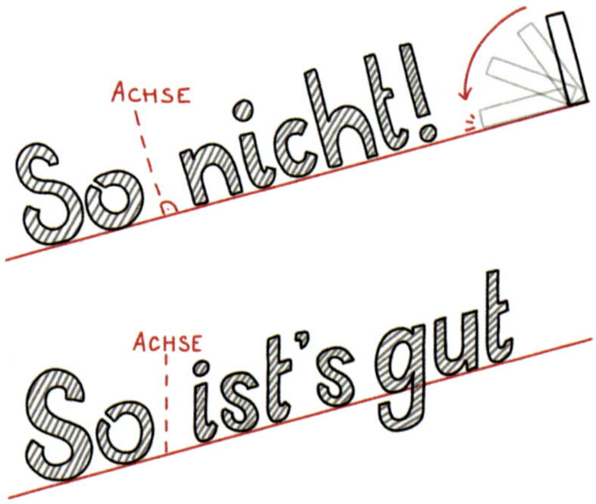

Bei einer gebogenen Grundlinie hingegen wirkt es dynamisch, wenn die Buchstabenachsen jeweils senkrecht zur Grundlinie verlaufen – wie beim Wort „Knäckebrot" im Beispiel rechts zu sehen ist.

Skizzieren Sie für Ihr Lettering zunächst die Blöcke für die Wörter an der jeweils gewünschten Position und ziehen Sie eine Mittellinie ein. Bevor Sie sich das Buchstabenskelett erarbeiten, zeichnen Sie auch die Buchstabenachsen (im Beispiel rot) ein. Diese Hilfslinien werden Ihnen bei der Ausrichtung der Letter, Querbalken und Serifen enorm nützlich sein.

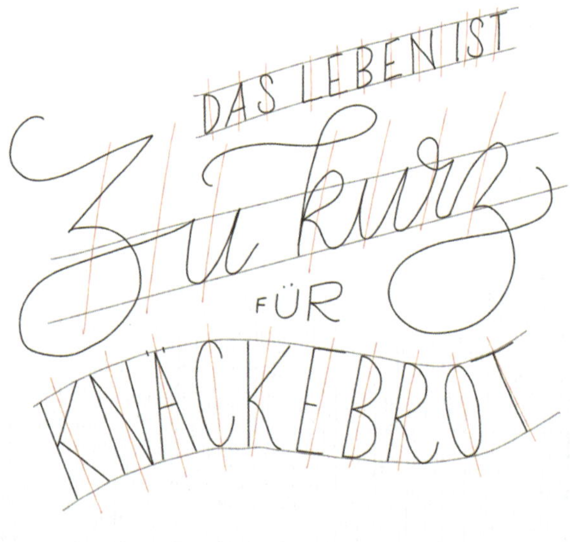

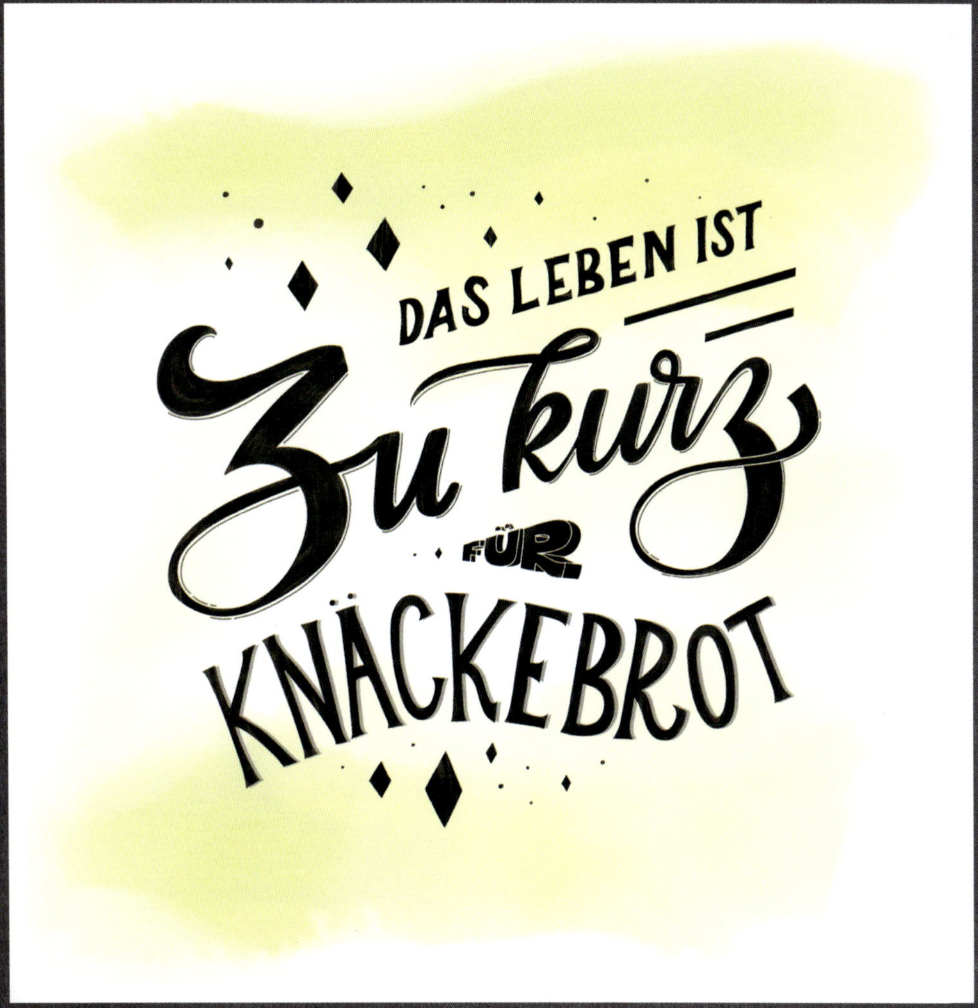
DAS LEBEN IST
zu kurz
FÜR
KNÄCKEBROT

15 Lettern im Kreis und Bogen

Wörter, die um einen Kreis angeordnet sind, wirken optisch sehr ansprechend. Kein Wunder, dass so viele Logos und Markenzeichen runde oder ovale Formen aufweisen.

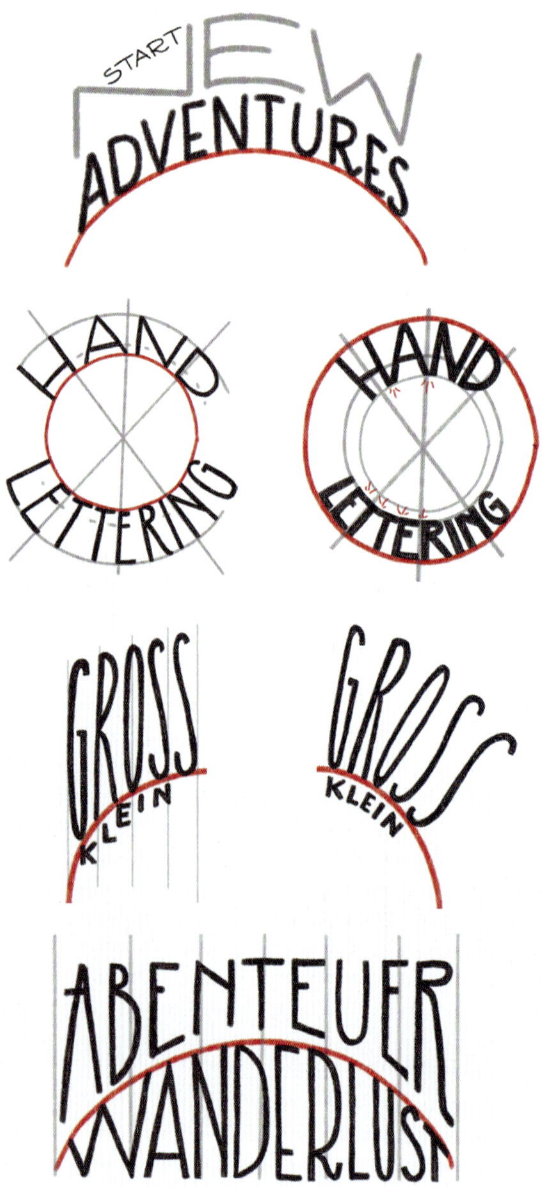

Wenn Sie im Kreis lettern, müssen Sie darauf achten, dass die Buchstaben sich nicht zu nahe kommen – wie groß die Gefahr dafür ist, hängt auch davon ab, ob Sie außerhalb oder innerhalb des Kreises lettern. Wenn es zu eng wird, überdenken Sie Ihre Komposition noch einmal. Entweder Sie setzen die Buchstaben auf die andere Seite des Bogens oder Sie vergrößern den Radius bzw. verkleinern die Schrift. Bedenken Sie, dass auch Serifen ihren Platz brauchen.

Abhängig vom Verhältnis von Buchstabengröße zum Radius des Bogens sollten Buchstabenachsen entweder parallel verlaufen oder sich in der Kreismitte treffen. Sind die Buchstaben relativ groß, haben beide Varianten ihren Reiz. Möchten Sie kleinere Buchstaben entlang des Kreisbogens aufreihen, sollten Sie von parallelen Buchstabenachsen absehen, wie Sie im zweiten Beispiel von unten sehen.

Wörter, die unterhalb des Kreises stehen, sollten nicht über Kopf geschrieben werden. Damit sie gut lesbar sind, sollte der Kreis in der unteren Hälfte die obere Begrenzung der Buchstaben bilden, in der oberen Hälfte bildet er die Grundlinie.

Eine kreisförmige Grundlinie können Sie mit einer geraden Begrenzung an der Oberseite der Buchstaben kombinieren (wie beim Wort „Abenteuer"). Dieses Konzept können Sie auch umkehren („Wanderlust").

SCHAU AUCH INS ÜBUNGSBUCH SEITE 32

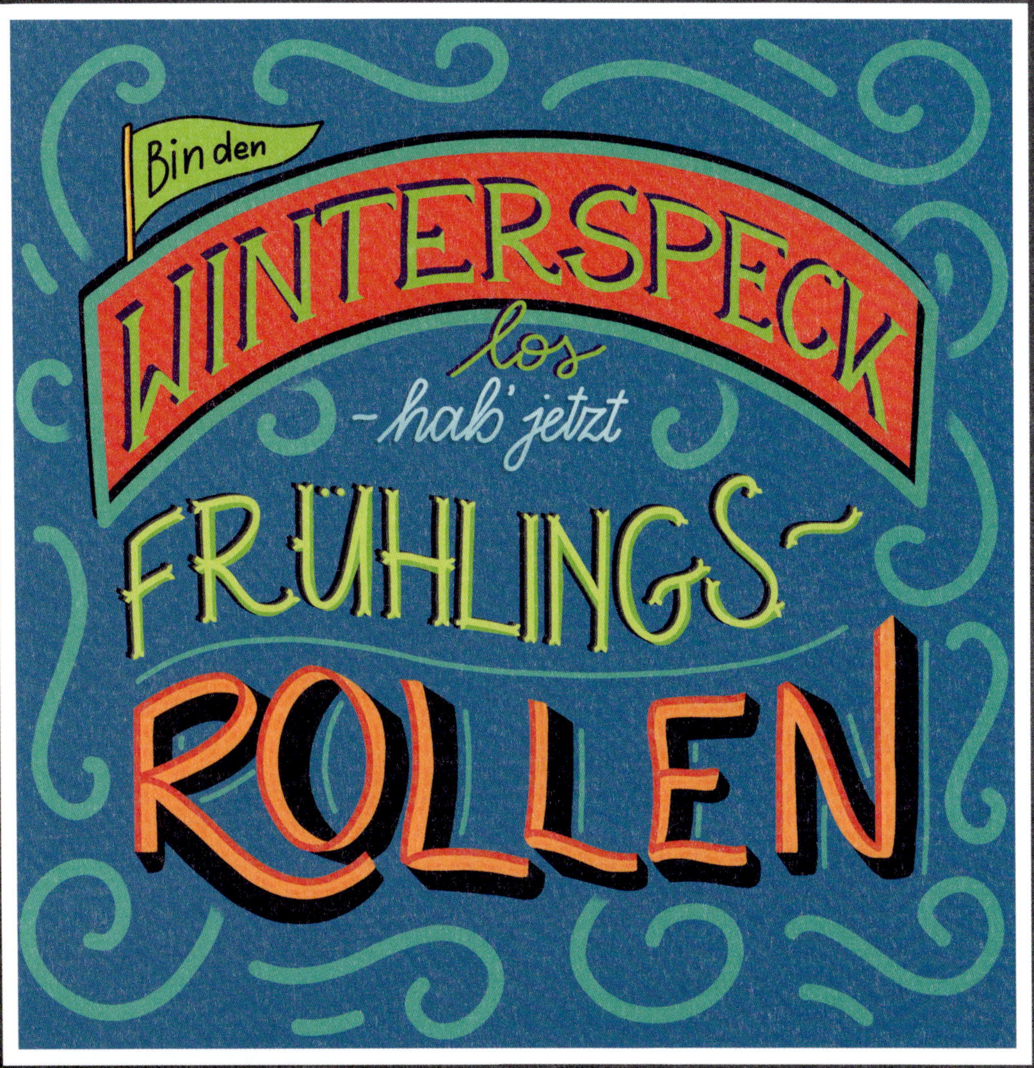
Bin den
WINTERSPECK
los
- hab' jetzt
FRÜHLINGS-
ROLLEN

16 Kreisförmiges Layout gestalten

Es gibt viele Möglichkeiten, eine kreisförmige Komposition zu erstellen. Nachdem Sie Ihren Text in wichtige und weniger wichtige Bausteine unterteilt haben, können Sie das Layout aus den so definierten Blöcken zusammenstellen.

Wir sind daran gewöhnt, von links nach rechts und von oben nach unten zu lesen. Deshalb ist es ratsam, das Lettering auch so aufzubauen, dass man mit dem Auge nicht hin und her springen muss. Steht das wichtigste Wort also am Ende des Textes, sieht die Gestaltung anders aus, als wenn die Kernaussage in der Mitte steckt.

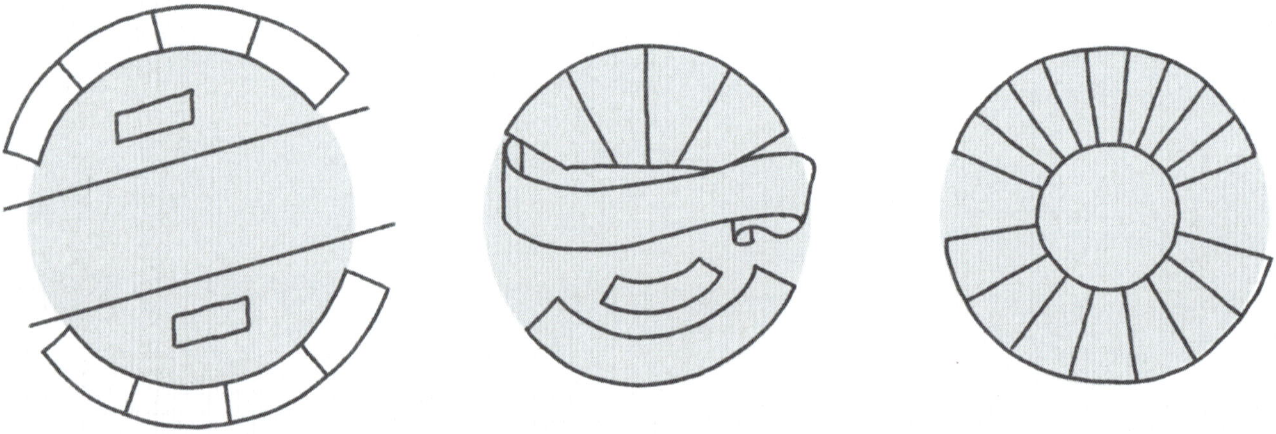

Oben sehen Sie drei verschiedene Skizzen für kreisförmige Layouts. Jeder davon liegt ein anderer Text zugrunde, auf dem die Zusammenstellung der einzelnen Bereiche beruht.

Für die dritte Skizze ist das weitere Vorgehen dargestellt. Auf der Abbildung rechts sehen Sie, wie das Buchstabenskelett zunächst in die vorgezeichneten Bereiche eingepasst wurde. Danach kam die tatsächliche Ausgestaltung der Schrift dazu, es wurden also der Körper und die Dekoration hinzugefügt. Das fertige Lettering ist auf der nächsten Seite abgebildet.

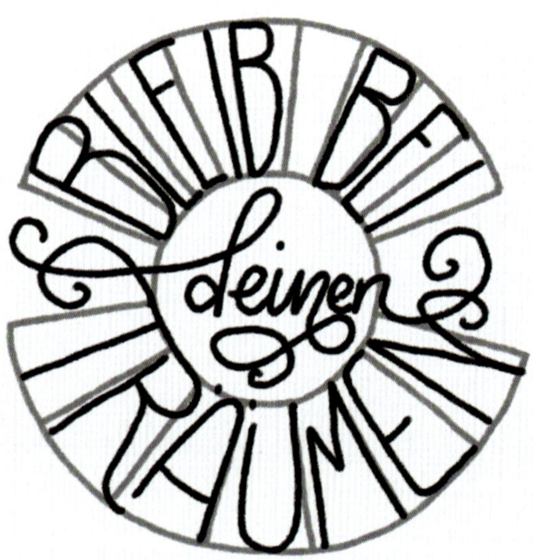

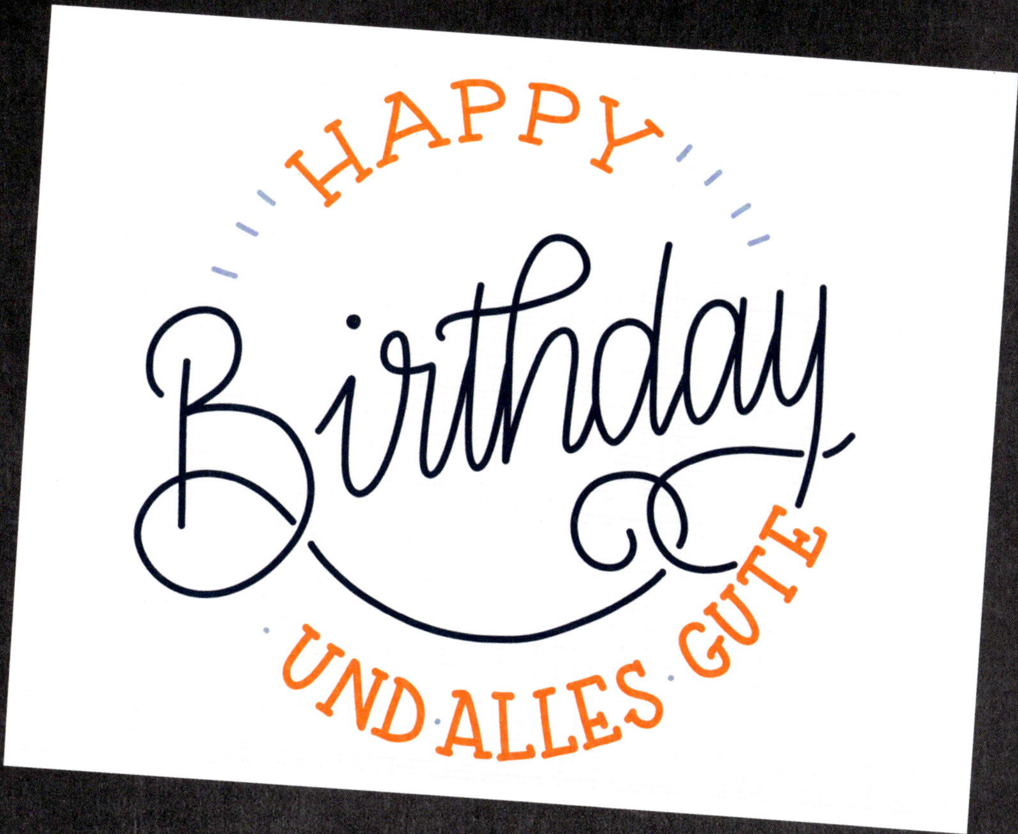
HAPPY
Birthday
UND ALLES GUTE

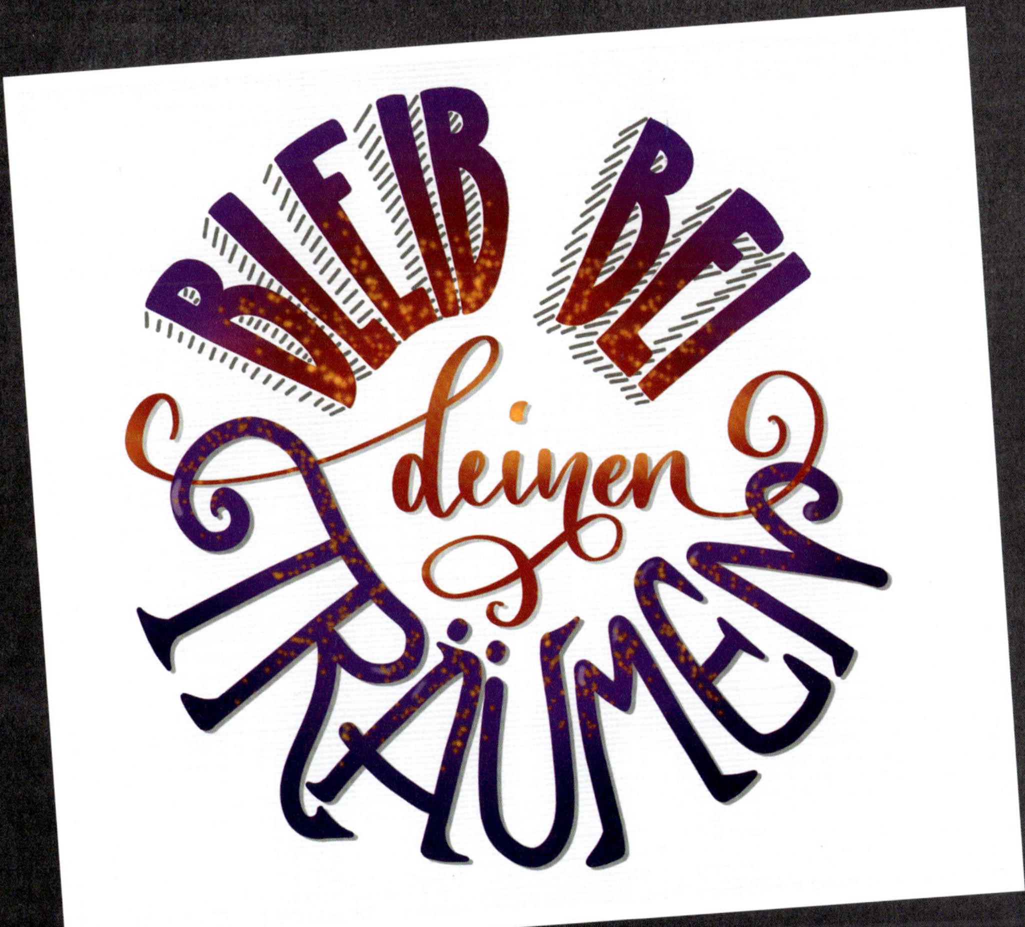
BLEIB BEI
deinen
TRÄUMEN

17 Zahlen und Sonderzeichen

SCHAU AUCH INS ÜBUNGSBUCH SEITE 34

Ebenso wichtig wie die 26 Buchstaben des Alphabets sind Zahlen und Sonderzeichen. Für sie gelten praktisch die gleichen Regeln und Tipps wie für Buchstaben. Zeichnen Sie also auch hier zunächst das Skelett Ihres Zeichens und fügen Sie dann den gewünschten Körper hinzu. Natürlich können Sie bei Zahlen und Sonderzeichen ebenfalls mit Serifen, Verdickungen und dekorativen Elementen arbeiten.

Wenn in einem Lettering Zahlen vorkommen, spielen sie oft eine große Rolle. Für eine Geburtstagskarte beispielsweise werden Sie die Jahreszahl sicher prägnant gestalten wollen. Möchten Sie hingegen eine weniger auffällige Zahl lettern, können Sie mit einem Fineliner genauso Variationen erzeugen wie bei den Buchstaben. Die Beispiele zeigen, wie besonders breite oder hohe Buchstaben jeweils gestaltet werden können.

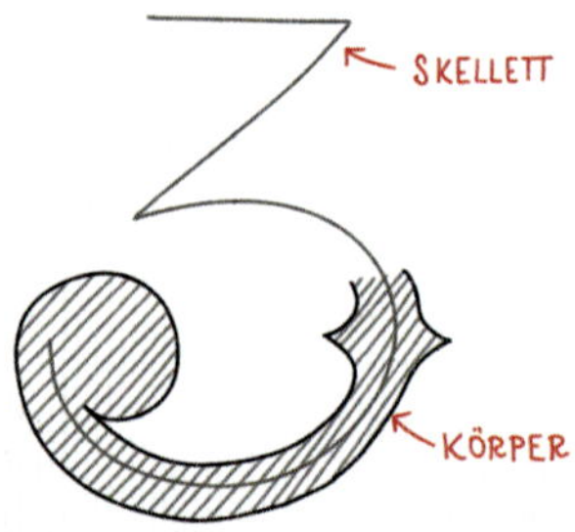

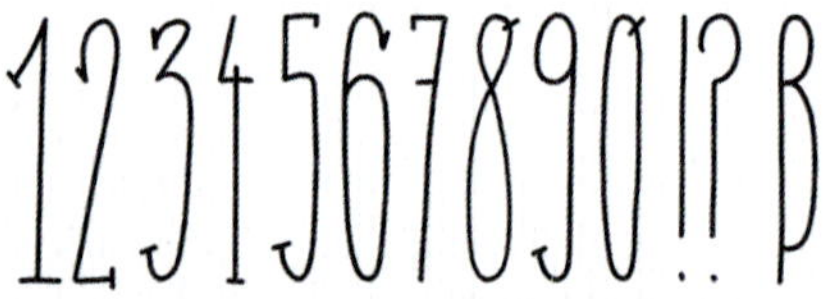

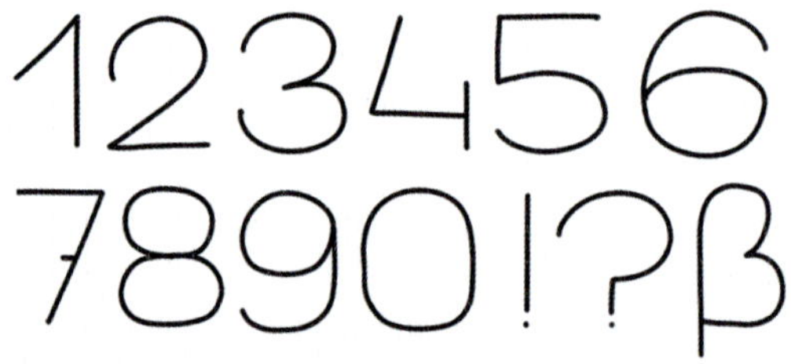

ÜBRIGENS …

Zahlen müssen sich nicht immer bei den Großbuchstaben einreihen. Sie können stattdessen wie Kleinbuchstaben angeordnet werden und haben dann auch Ober- und Unterlängen, so wie das rechts zu sehen ist.

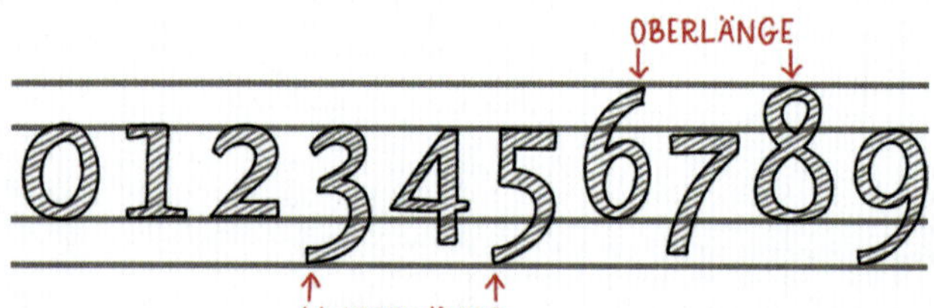

MONTAG

7 Uhr.

Und die Woche
will überhaupt
kein Ende nehmen.

18 Brush-Script

Brush Script nennt man an Schreibschrift angelehnte Schriften, die mit einer flexiblen Spitze gestaltet werden. Diese Spitze kann aus Borsten, Filz oder Acryl bestehen – es eignen sich neben Brushpens auch Pinsel, um Brush-Script-Schriften zu lettern.

Durch die Veränderung des Drucks, der auf das Schreibwerkzeug ausgeübt wird, verändert sich die Strichstärke. Je fester das Werkzeug auf das Papier gedrückt wird, desto dicker wird die Linie. Die Möglichkeit, verschiedene Strichstärken gestalten zu können, machen Sie sich beim Brushlettering zunutze, Sie stellen hier einen Kontrast innerhalb der Buchstaben her. Dabei werden die Abstriche dick und die Aufstriche dünn gezeichnet. Ein ebenmäßiges Schriftbild entsteht, wenn alle dicken und dünnen Striche jeweils eine einheitliche Stärke aufweisen und die Übergänge ebenfalls gleich aussehen.

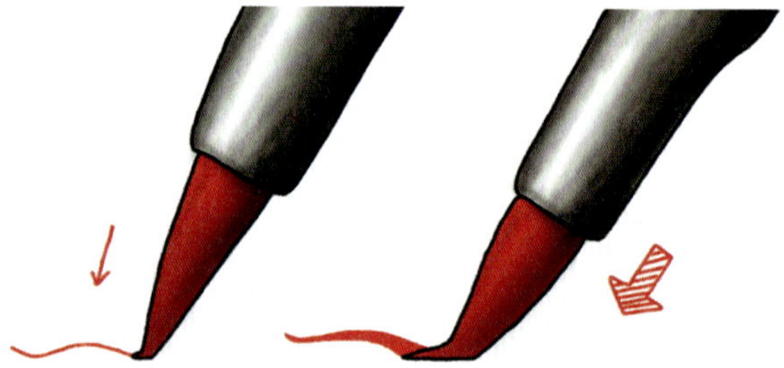

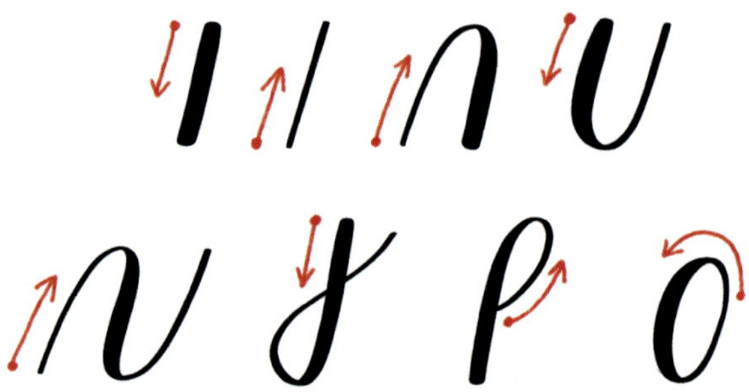

Um das zu erreichen, braucht es Training. Damit Sie sich einprägen können, wann Sie fest aufdrücken und wann Sie den Druck lösen müssen, sind im Übungsheft eine Reihe von Übungen zusammengestellt. Führen Sie diese durch, Sie lernen dabei zunächst, die Basisstriche zu beherrschen, ehe Sie sich an das Malen eines Alphabets machen.

SCHAU AUCH INS ÜBUNGSBUCH SEITE 36

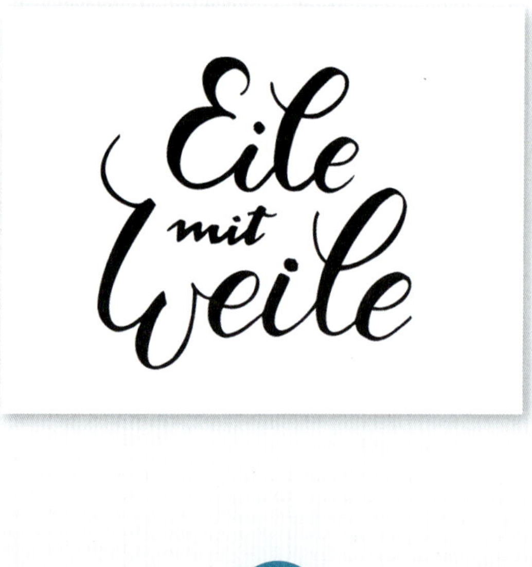

19 Stifthaltung

Legen Sie den Stift in die Mulde zwischen Daumen und Zeigefinger, während Sie den Stift mit diesen beiden Fingern nicht allzu weit von der Spitze entfernt greifen. Legen Sie den Stift nun auf den Mittelfinger. Der Handballen und der gegebenenfalls leicht ausgestreckte kleine Finger liegen auf der Tischfläche auf. Jetzt haben Sie die optimale Stifthaltung für Ihr Brushlettering.

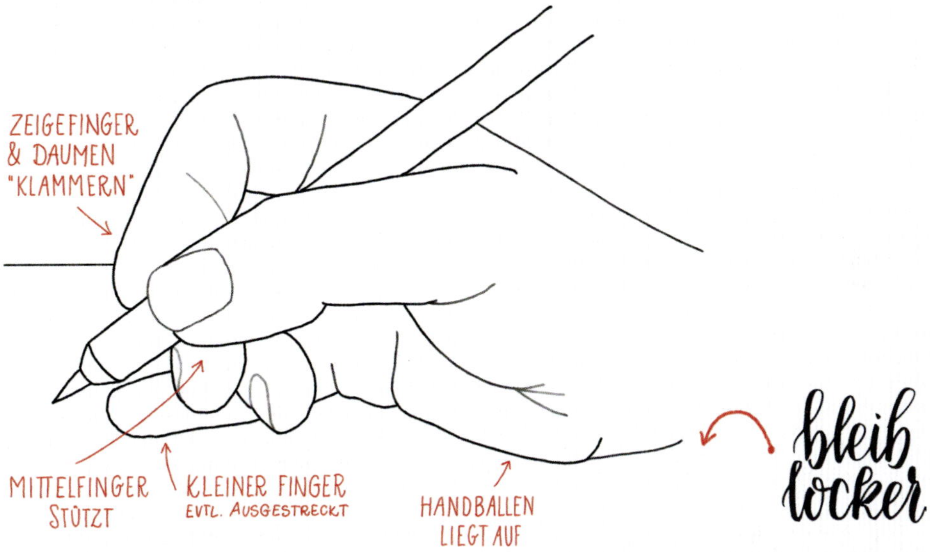

Während Sie die einzelnen Striche und Bögen der Buchstaben malen, werden Sie teilweise Ihr Handgelenk, für größere Linien auch Ihren ganzen Arm bewegen. Der Stift sollte bei den Auf- und Abstrichen immer senkrecht zur gezeichneten Linie gehalten werden.

Wenn Sie sich beim Lettern gegen den Uhrzeigersinn wenden (bei Linkshändern gilt es entsprechend umgekehrt), schieben Sie die Spitze kurzzeitig mit der Spitze voran über das Papier. Die Borsten eines Pinsels können sich hierbei spreizen, die Spitze eines Brushpens ungewohnt verbiegen. Zeichnen Sie solche Wendepunkte deshalb immer sorgsam und bewusst, damit Sie einen schönen Übergang vom dünnen Aufstrich zum dicken Abstrich bekommen.

Tipp

Die Übergänge von dick zu dünn gelingen Ihnen am besten, wenn Sie den Druck bereits vor dem Scheitelpunkt der Kurve sanft vom Stift nehmen. Ganz am Wendepunkt angekommen, sollten Sie den Stift nur noch sanft über das Papier gleiten lassen. Mit etwas Übung wird Ihre Hand ruhiger und Sie werden dünne Aufstriche immer gleichmäßiger zeichnen können.

20 Brush-Script-Kleinbuchstaben

Die Kleinbuchstaben einer Brush-Script-Schriftart ähneln denen der bereits vorgestellten Schreibschrift. Die Reihenfolge, in der die einzelnen Striche aufs Papier gesetzt werden, ist bei den beiden Schriften identisch. Trotzdem unterscheiden sich diese Schriftarten in der Optik enorm, dies hat mit dem Kontrast zwischen den dicken Ab- und den dünnen Aufstrichen zu tun.

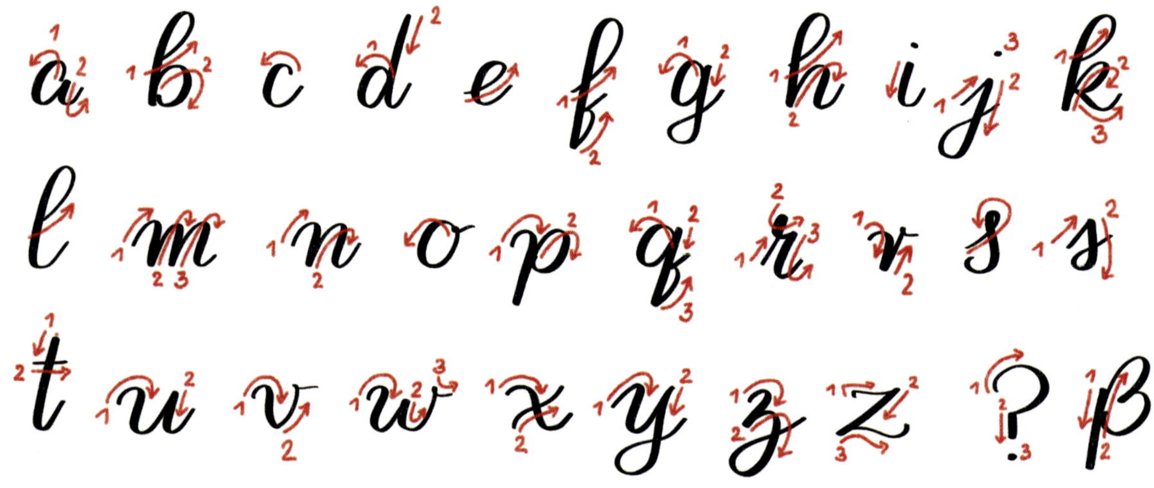

Auch beim Nachfahren der einzelnen Striche und Schlaufen im Übungsbuch trainieren Sie Ihr Muskelgedächtnis und gewöhnen sich eine gleichmäßige Strichführung an.

ÜBRIGENS ...

Heben Sie beim Lettern mit dem Brushpen nach jedem Strich den Stift ab und setzen Sie alle Linien bewusst und langsam. Die Pfeile bei den Buchstaben oben zeigen Ihnen die Reihenfolge und Richtung der einzelnen Striche an. Erkennen Sie innerhalb des Alphabets die Basisstriche von Seite 38 wieder?

SCHAU AUCH INS ÜBUNGSBUCH SEITE 37

21 Typische Probleme beim Einstieg

Wenn Sie ein paar typische Stolpersteine beim Erlenen des Brushletterings umgehen, wird Ihr Schriftbild optisch ansprechend, abwechslungsreich und dabei gut lesbar bleiben. Berücksichtigen Sie folgende fünf Hinweise beim Üben.

1. Achten Sie auf eine gleichmäßige Neigung der Buchstaben. In Größe und Abstand können Sie sich alle künstlerischen Freiheiten erlauben, solange der Text noch gut zu entziffern ist. Die Buchstabenachsen jedoch sollten parallel verlaufen, sofern nicht auf einer gebogenen Grundlinie geletter t wird.

2. Die einzelnen Striche sollten sich berühren, aber nicht überdecken. Sonst verändern sich ungewollt die Formen der Weißräume.

3. Lassen Sie genügend Abstand zwischen den Buchstaben und verbinden Sie diese mit dünnen Strichen. Beim linken „viel“ ist nicht zu erkennen, ob es sich um ein u oder v handelt. Ein Verbindungsstrich zwischen v und i macht es eindeutiger, so wie das im rechten Beispiel zu sehen ist.

4. Achten Sie darauf, dass die einzelnen Buchstaben klar zu erkennen sind. Wenn eigentlich geschlossene Ovale zu große Öffnungen aufweisen oder Striche, die an sich lang sein sollten, zu kurz geraten, können Verwechslungen mit anderen Buchstaben auftreten. Im oberen Beispiel ist nicht ganz klar, ob es „bin“ oder „hin“ heißt. Lassen Sie im Zweifel mal den Partner oder eine Freundin Ihr Lettering laut vorlesen, um zu prüfen, ob es Verbesserungsbedarf bei der Lesbarkeit gibt.

5. Einer der wichtigsten Punkte ist leider auch mit am schwersten umzusetzen. Denn gerade beim Wechsel von einem Ab- in einen Aufstrich kann man leicht vergessen, den Druck rechtzeitig vom Stift zu nehmen, um eine dünne Linie zu zeichnen. Ovale und Verbindungen zwischen Buchstaben werden so ungewollt fett. Meist hilft es, die Kurven nochmal separat zu üben und bewusst langsam und Strich für Strich zu lettern.

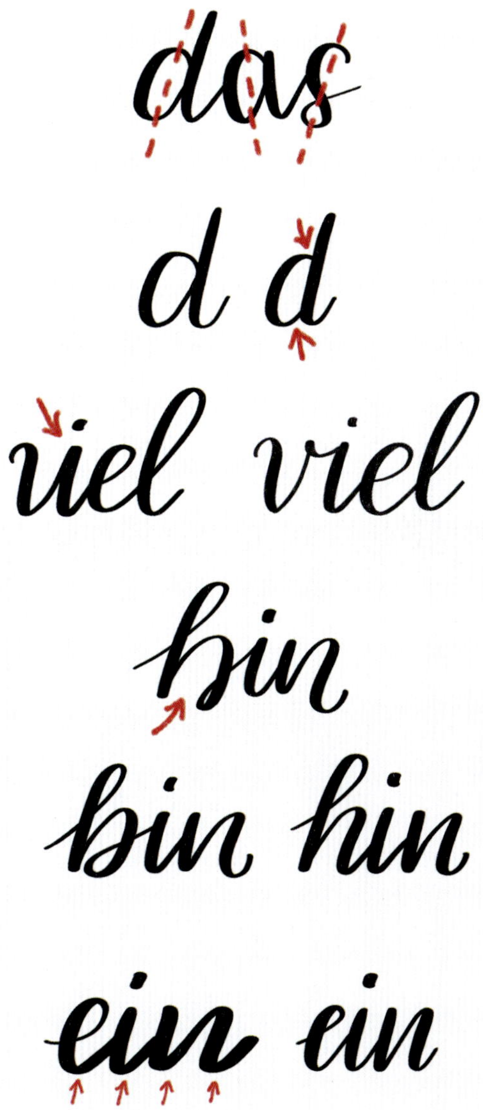

22 Brush-Script-Großbuchstaben

Viele Großbuchstaben können Sie auf mehrere, ganz unterschiedliche Arten lettern. Sie können Schlaufen und Schnörkel hinzufügen oder die Bögen übertrieben groß werden lassen. Dabei müssen zwei gleiche Buchstaben auch innerhalb eines Letterings nicht gleich aussehen. Für die Buchstaben G, M, Q, S und Z sehen Sie im folgenden Beispiel jeweils zwei unterschiedliche Versionen.

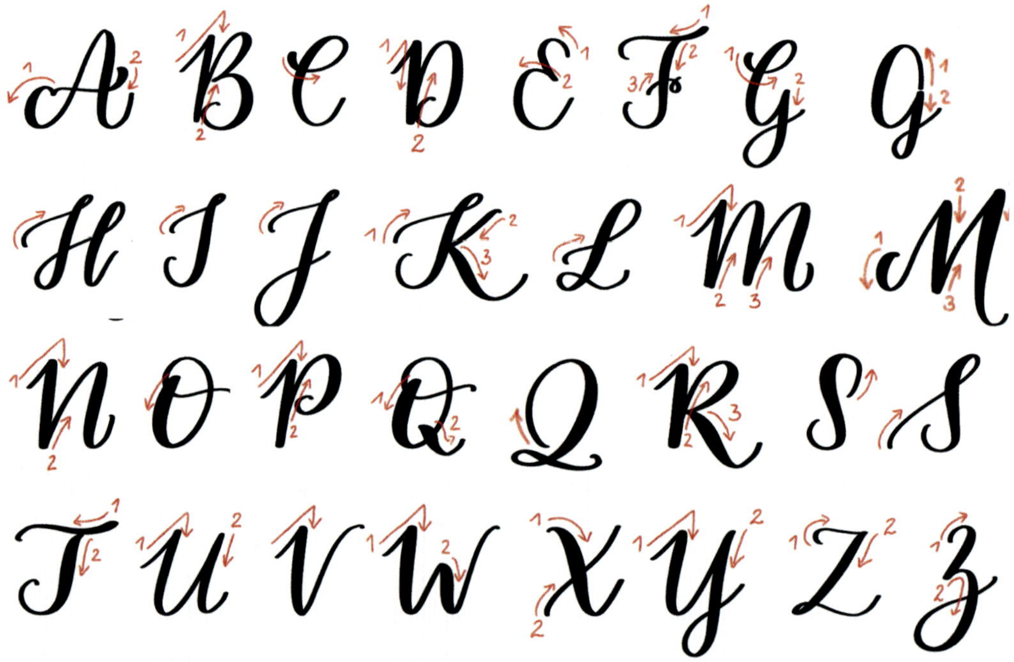

Denken Sie daran, die Abstriche in möglichst gleichen Winkeln zu zeichnen. Schaffen Sie es, die Neigung der einzelnen Linien konsistent zu halten, sind Sie bereits auf dem besten Weg zum Lettering-Profi.

Nachdem Sie im Übungsbuch sowohl Klein- als auch Großbuchstaben geübt haben, ist es höchste Zeit, eigene Worte und Sprüche zu Papier zu bringen. Scheuen Sie sich nicht, auch Ihre eigenen Ideen auszuprobieren. Werfen Sie Ihre Versuche auf keinen Fall weg. Wenn Sie sich irgendwann Ihre alten Arbeiten anschauen, wird Ihnen bewusst werden, welche großen Fortschritte Sie in der Zwischenzeit gemacht haben.

SCHAU AUCH INS ÜBUNGSBUCH SEITE 39

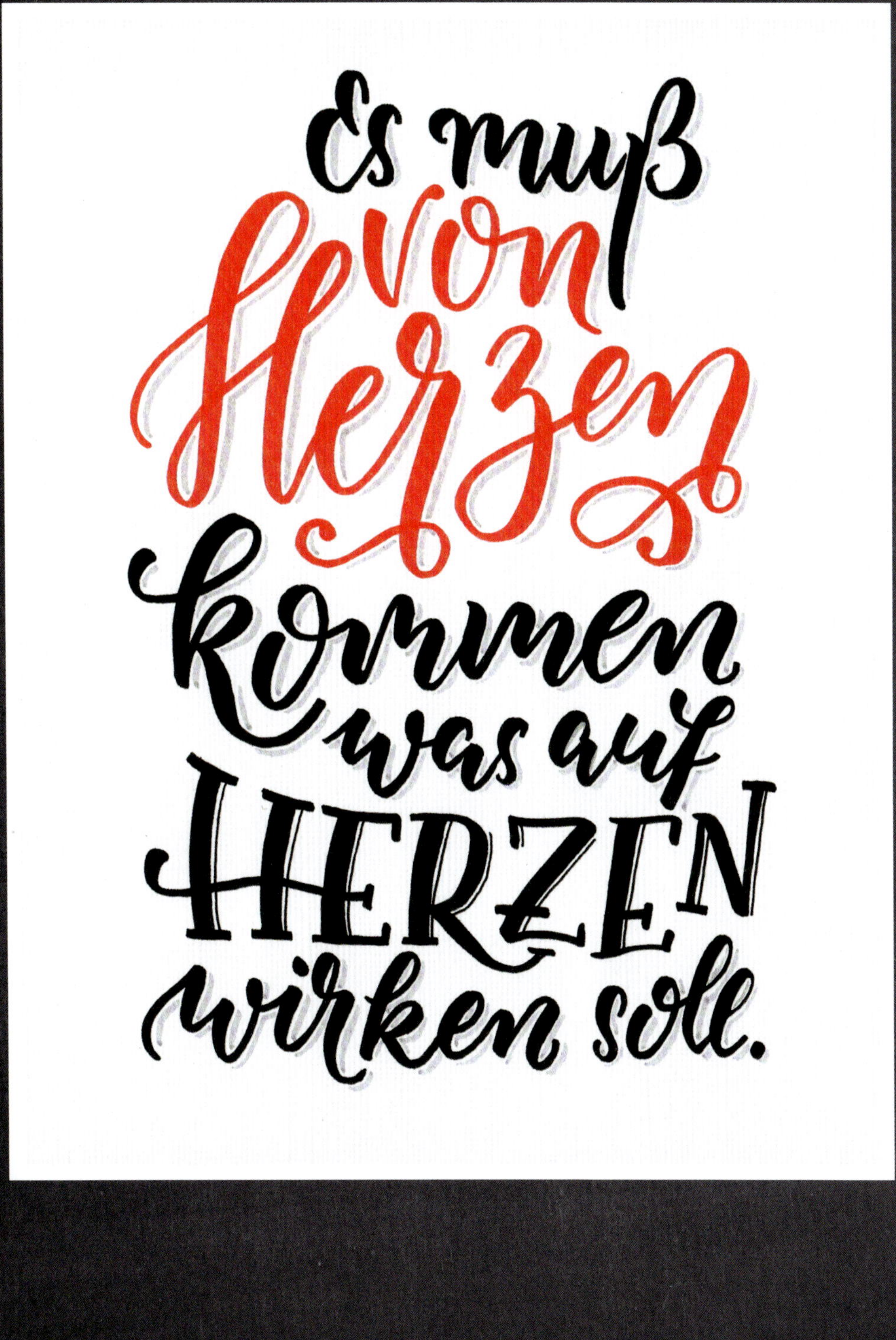
Es muß
von Herzen
kommen
was auf
HERZEN
wirken soll.

23 Variationen des Alphabets

Wenn Sie sich die Schrift als Baukastensystem vorstellen, können Sie die Buchstaben aus einzelnen Ovalen, Schlaufen und Strichen zusammensetzen. Variieren Sie einen dieser Grundstriche und behalten diese Variation konsequent bei, erhalten Sie praktisch eine neue Schriftart.

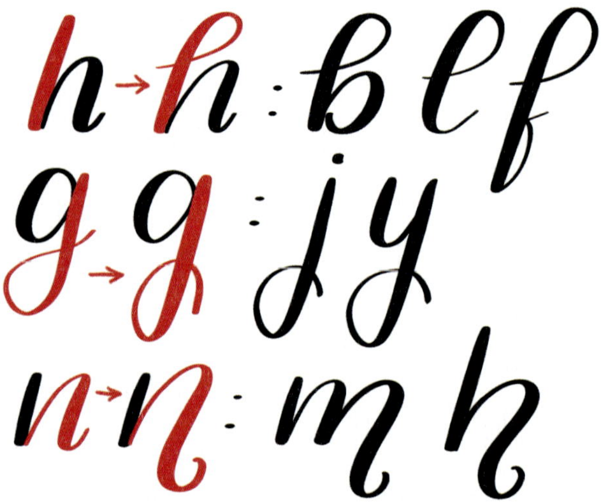

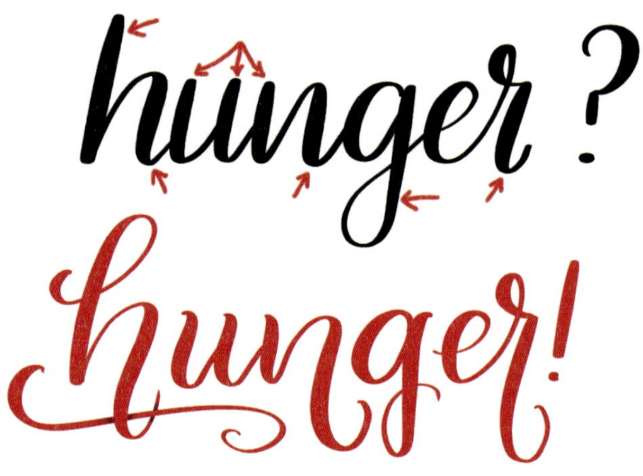

Im Beispiel links wird der rot markierte Strich verändert – diese Änderung wird auch auf die anderen Buchstaben übertragen. Rechts sehen Sie eine Kombination aus mehreren Strichvariationen. So entstehen unendlich viele Möglichkeiten.

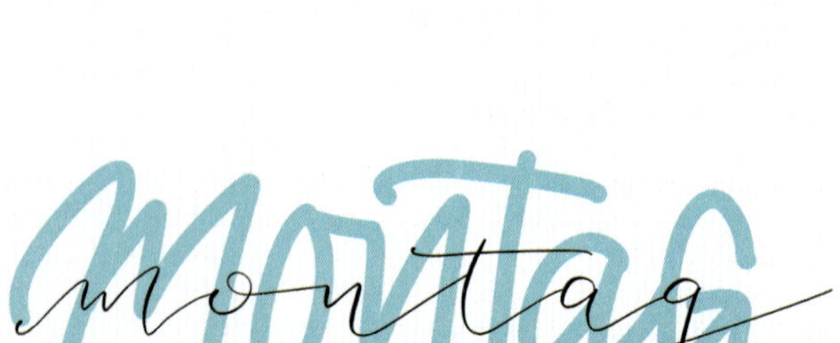

Auch extrabreite Buchstabenabstände sehen toll aus. Wie wäre es, solche noch zusätzlich mit verschiedenen Brushpens zu kombinieren? Für das Beispiel wurde zuerst das Wort „Montag“ mit einem hellen Filzstift geletttert. Darüber ist das Wort nochmals gemalt worden – diesmal mit einem extra breiten Buchstabenabstand und mit einem schwarzen Brushpen.

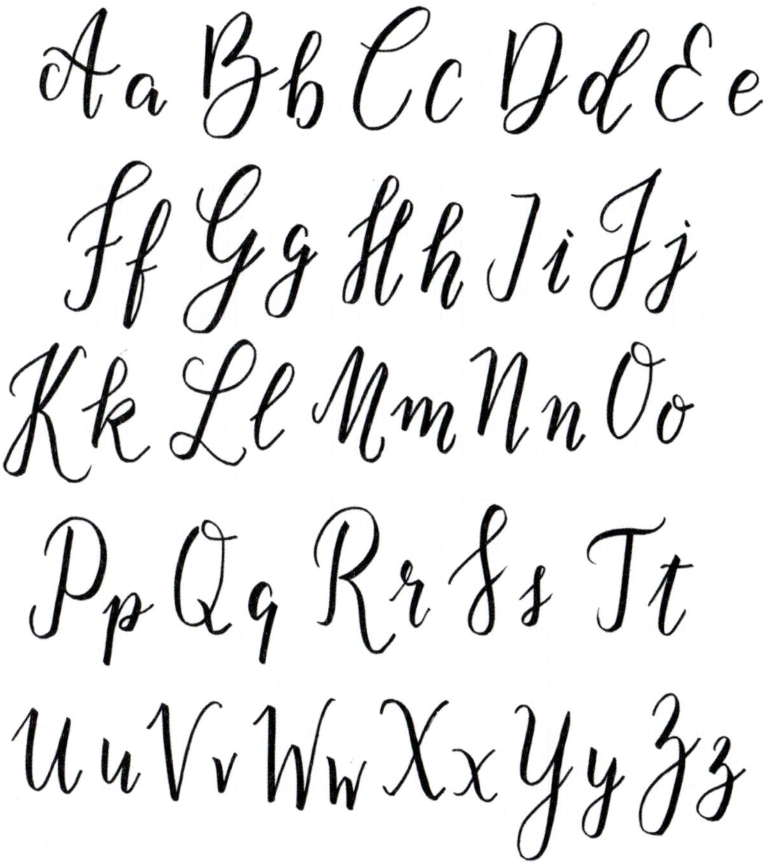

Über die eigenen Ideen hinaus kann es nicht schaden, sich verschiedene Brushlettering-Schriftarten genau anzusehen. Gerade Großbuchstaben können Sie auf sehr viele verschiedene Arten gestalten.

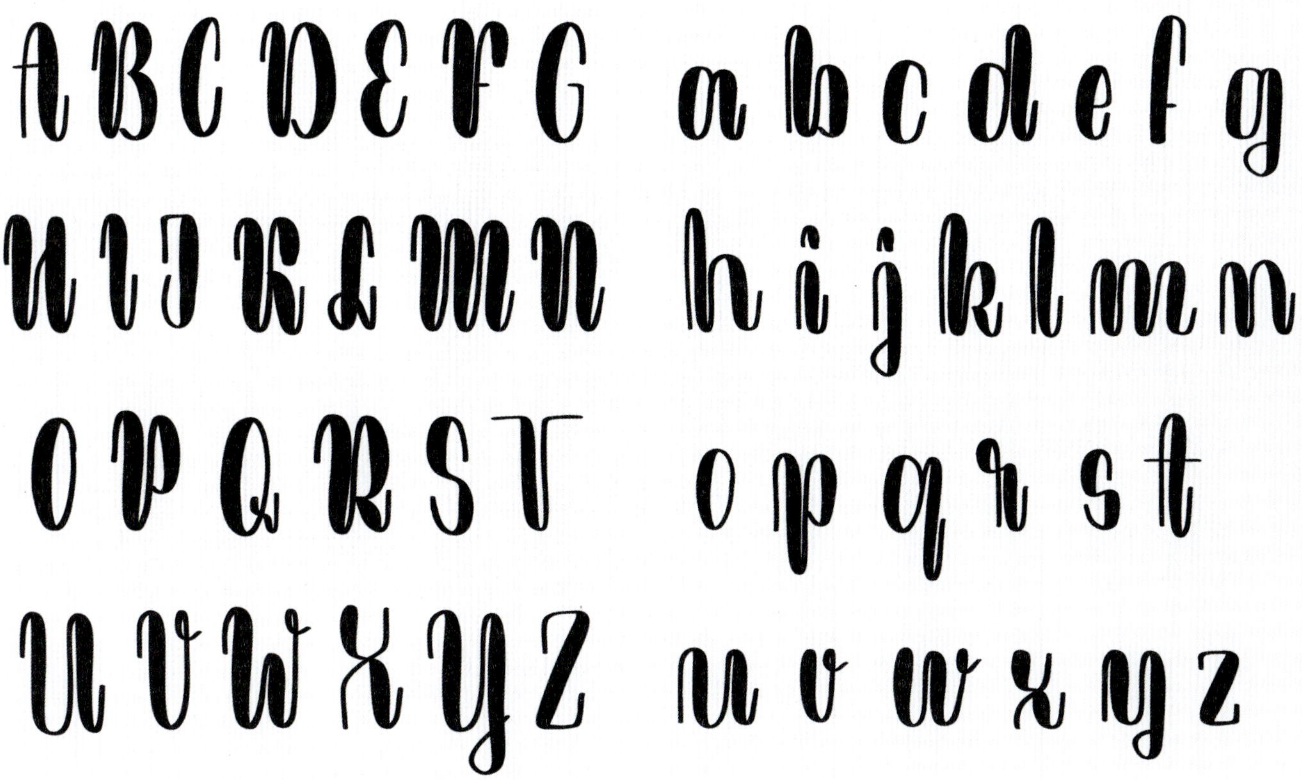

24 Schriftarten kombinieren

Schriftzüge, die Sie mit dem Brushpen lettern, sind kontrastreich und dekorativ. Deshalb können Sie Brushlettering für die wichtigen Wörter in Ihrem Text verwenden, um sie herauszustellen. Kombinieren Sie dazu Druckbuchstaben, die Sie entweder mit Fineliner oder ebenfalls mit dem Brushpen zeichnen.

Sie können sich die Flexibilität des Brushpens zunutze machen, indem Sie bei den Abstrichen der Druckbuchstaben fester aufdrücken. Mit zusätzlichen Serifen erhalten Sie eine Schriftart wie im Beispiel rechts.

Die senkrechten Striche der Buchstaben enden bei dieser Schrift mal oberhalb, mal unterhalb der Grundlinie. Außerdem ist bei dieser Schrift auch nicht alles schnurgerade, sondern immer wieder ein wenig in die eine oder andere Richtung gekrümmt. Dadurch wirkt die Schrift lockerer – und ist auch leichter zu zeichnen. Das passt sehr gut zum freien Brushlettering! Bei diesem müssen die Buchstaben weder exakt die gleiche Höhe besitzen noch müssen sie perfekt ausgerichtet sein.

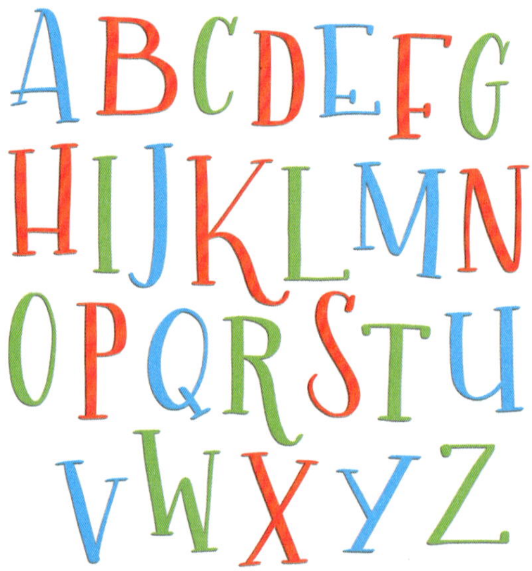

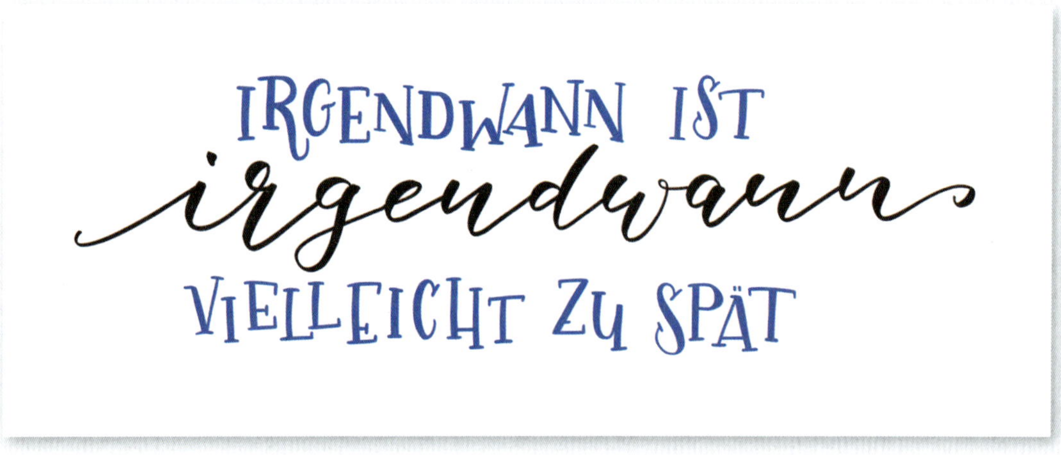

SCHAU AUCH INS ÜBUNGSBUCH SEITE 42

HAT DAS BLÜMCHEN einen Knick, WAR DER SCHMETTERLING zu dick

25 Schnörkel malen

Schlaufen, Bögen und Kringel, die entweder mit den Buchstaben verbunden sind oder frei stehen, sind die i-Tüpfelchen des Brushletterings. Sie verschönern den Text und erlauben eine noch interessantere Gestaltung. Überdies können sie auch das Gleichgewicht in Ihrer Komposition herstellen.

Sehen Sie, wie die Schnörkel das Lettering verändern? Die Weißräume sind dekorativ ausgefüllt und ein Schnörkel dient sogar als t-Strich.

Viele Buchstaben laden praktisch zum Schnörkeln ein. Sie können die Eingangs- und Ausgangsstriche verschönern, Ober- und Unterlängen ausschmücken oder die Querstriche verlängern.

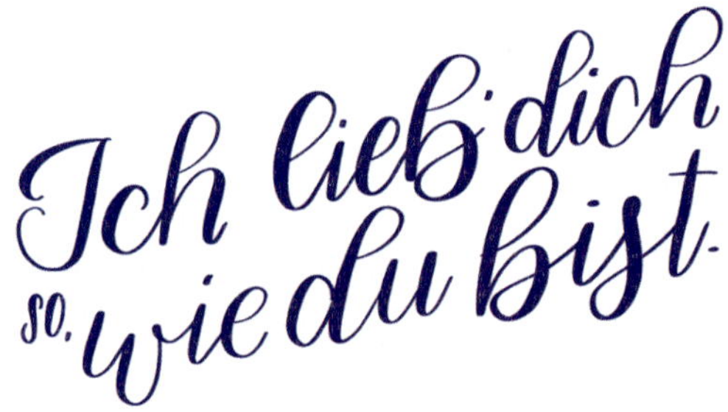

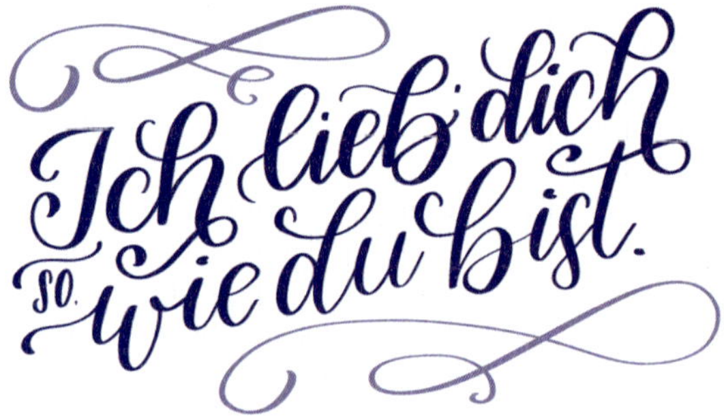

Da die Linien der Schnörkel oft deutlich länger und ausladender sind als die Grundstriche der Script-Alphabete, brauchen Sie für diese Gestaltung etwas mehr Übung. Am besten gelingen Ihnen die feinen Bögen, wenn Sie bei ihnen den gesamten Arm bewegen. Versuchen Sie nicht, die großen Schwünge aus dem Handgelenk zu machen.

Üben Sie zuerst mit Bleistift und zeichnen Sie Schnörkel mehrfach nach. Es kommt nicht darauf an, die Bögen perfekt imitieren zu können, sondern den Schwung zu trainieren. Achten Sie darauf, Linien, die parallel zueinander verlaufen, auch tatsächlich parallel zu zeichnen. Wenn Sie mit dem Brushpen üben, achten Sie darauf, dass sich dicke Linien nicht kreuzen. Überschneiden sich zwei Linien, sollte mindestens eine von ihnen dünn sein.

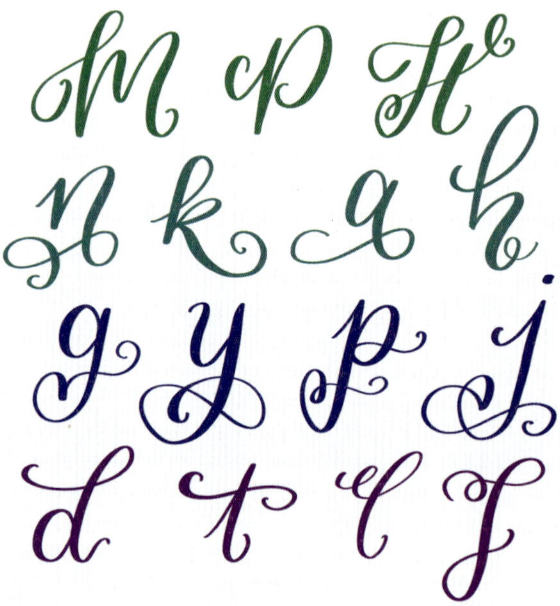

SCHAU AUCH INS ÜBUNGSBUCH SEITE 44

ICH STREITE NIE.

Ich erkläre nur, warum ich Recht habe!

26 Schatten

Das Prinzip des Schattierens ist schnell erklärt: man stellt sich eine Lichtquelle vor, die die Schrift von einem frei gewählten Platz aus beleuchtet; dann malt man die Schatten dort, wo keine imaginären Lichtstrahlen hinfallen, da sie von den Buchstabenkörpern aufgehalten werden.

Beim Schattieren gibt es zwei Variablen: die Position sowie die Art des Schattens. Meistens befindet sich die Lichtquelle oberhalb des Textes, so wie wir es von der Natur gewöhnt sind. Denn alles auf der Erde wird von der Sonne beleuchtet, sodass der Schatten auf den Boden darunter fällt. Die eintreffenden Lichtstrahlen sollten Sie sich der Einfachheit halber parallel vorstellen. Für diesen Fall würde ein Buchstabe mit Schatten wie in den Beispielen unten aussehen – einmal wird der Buchstabe von oben links, einmal von oben rechts beschienen.

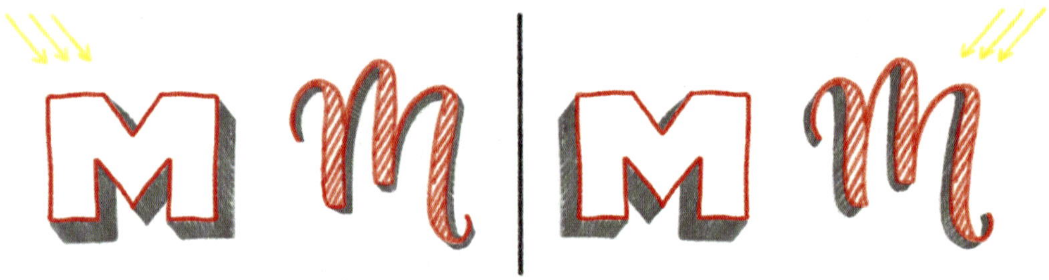

Sie werden feststellen, dass es in der Gesamtwirkung kaum einen Unterschied macht, ob der Schatten von der rechten oder der linken Seite kommt. Lassen Sie das Licht hingegen von unten kommen, können Sie gruselige Letterings für Halloween designen.

Widmen Sie sich unbedingt der Art des Schattens, denn hier können Sie viel ausprobieren und eine Menge Varianten erzeugen. Der Schatten muss weder grau sein noch aus einer einheitlichen Fläche bestehen. Sie können sowohl mit Farben als auch mit Mustern experimentieren.

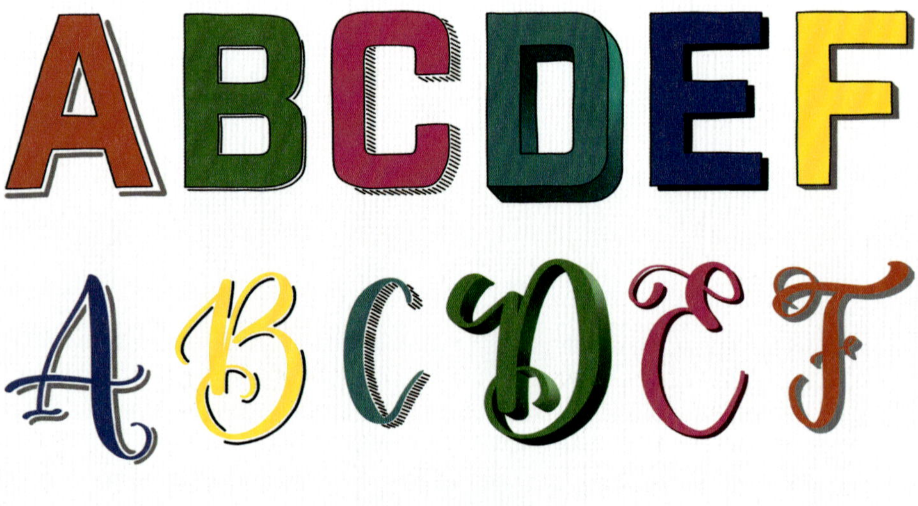

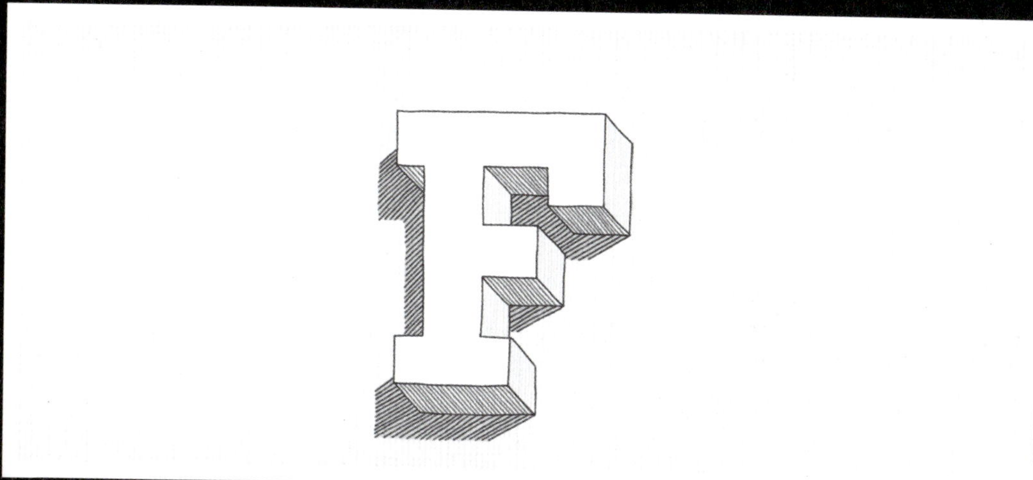
F

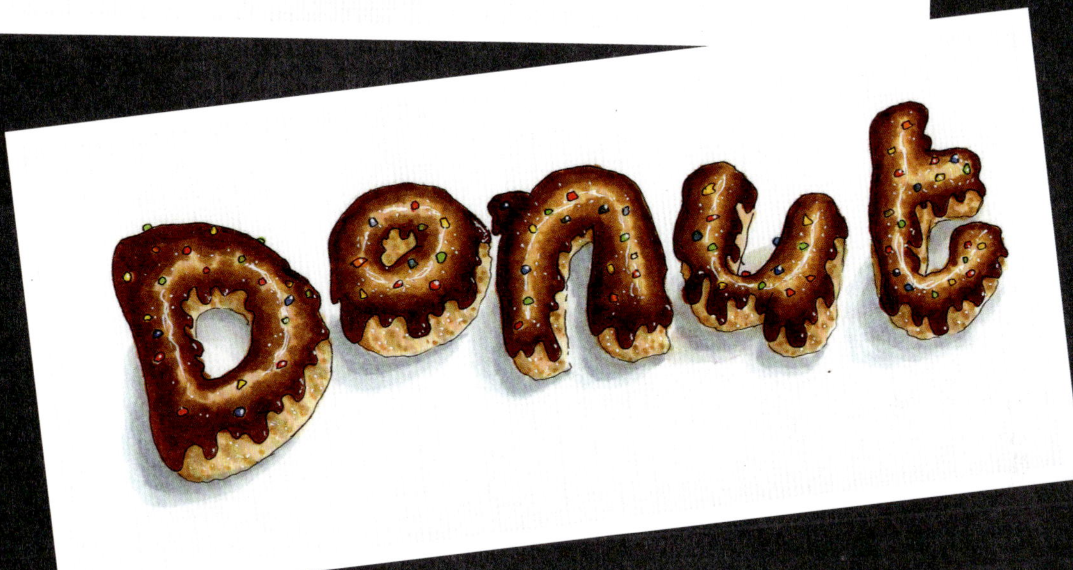
Donut

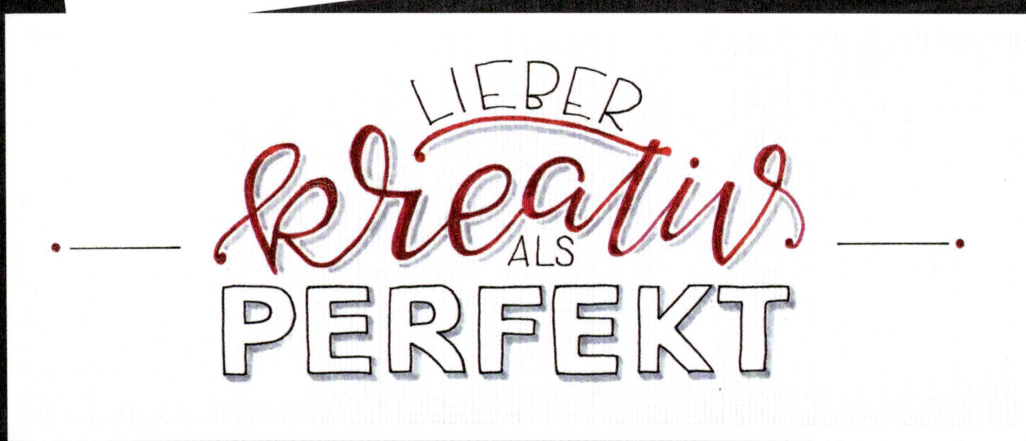
LIEBER
kreativ
ALS
PERFEKT

27 Lettern im Rechteck

Ein einfaches Rechteck so auszufüllen, dass die Schrift gut verteilt ist und keine größeren Weißräume entstehen, ist eine eigene Herausforderung. Die Kunst besteht darin, die Buchstaben so einzupassen, dass sie nicht gequetscht oder allzu gedehnt aussehen und das Gesamtbild harmonisch wirkt.

Schritt 1 – Layout festlegen

Schreiben Sie zuerst Ihren Wunschtext in Druckbuchstaben auf. Unterteilen Sie den Text jetzt schon in mehrere Zeilen. Die wichtigsten Wörter bekommen eine ganze Zeile für sich oder werden deutich größer gelettert als unwichtigere Wörter – Artikel können Sie beispielsweise sehr dezent anlegen.

Schritt 2 – Rechteck skizzieren

Zeichnen Sie Ihr Rechteck und unterteilen es vertikal in die notwendige Anzahl an Zeilen. Skizzieren Sie dann die wichtigsten Worte so, dass sie in der dafür vorgesehenen Zeile die ganze Breite des Rechtecks einnehmen. Bei besonders kurzen oder sehr langen Worten ist Ihre Kreativität gefragt (siehe „Lebenskunst" im Beispiel).

Schritt 3 – Text einfügen

Platzieren Sie nun den restlichen Text in die verbleibenden Zeilen. Versuchen Sie, die Breite der Buchstaben und die Abstände zwischen den Lettern möglichst gleichmäßig zu halten. Hier können Sie kreativ sein und die Wörter auch fernab der Grundlinie platzieren.

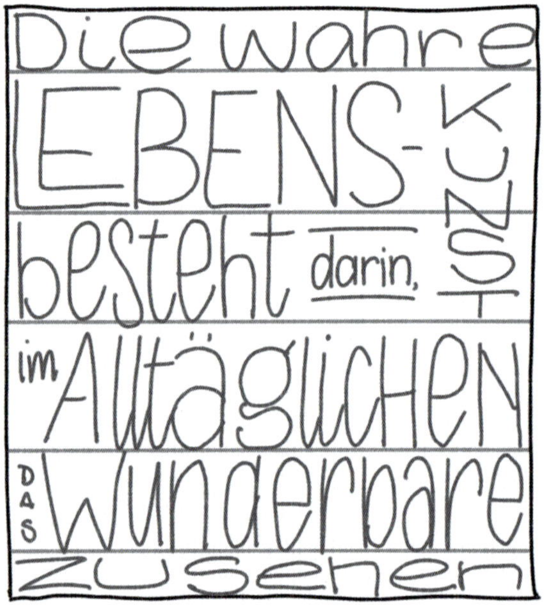

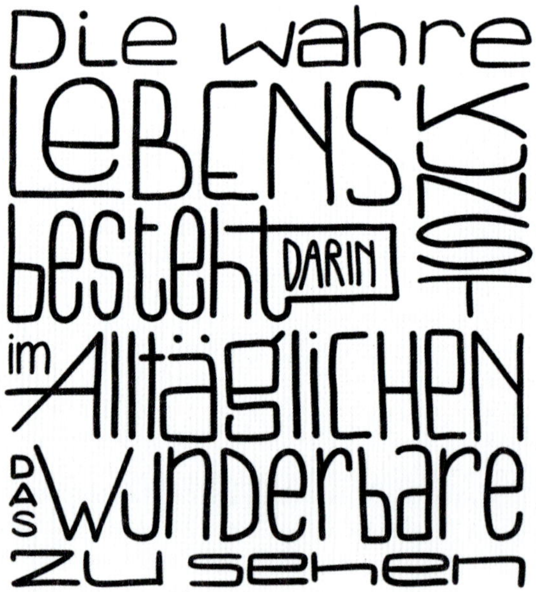

SCHAU AUCH INS ÜBUNGSBUCH SEITE 46

Schritt 4 – Reinzeichnen

Wenn Ihre Bleistiftskizze auf dem Papier relativ dunkel erscheint, können Sie sie so weit wegradieren, dass die Linien nur noch schwach zu sehen sind. Alternativ legen Sie ein relativ dünnes Blatt auf Ihre Skizze, sodass die Linien durchscheinen.

Nun nehmen Sie einen Fineliner oder Filzstift und ziehen die Buchstaben nach. Wenn Sie bei diesem Projekt besonders ehrgeizig sind, machen Sie vorher einige der Aufwärmübungen, die am Anfang des Übungsbuchs stehen. Nach dem vollständigen Trocknen der Tinte radieren Sie noch sichtbare Bleistiftspuren vollständig weg.

In diesem Beispiel sehen Sie eine Reinzeichnung in Schwarz und eine weitere Ausfertigung mit bunten Aquarellfarben.

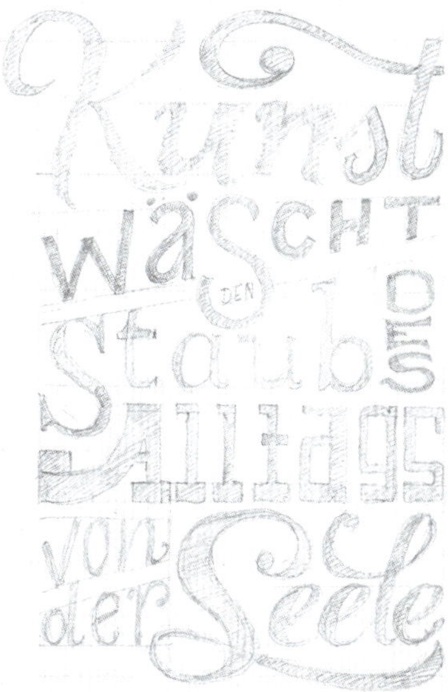

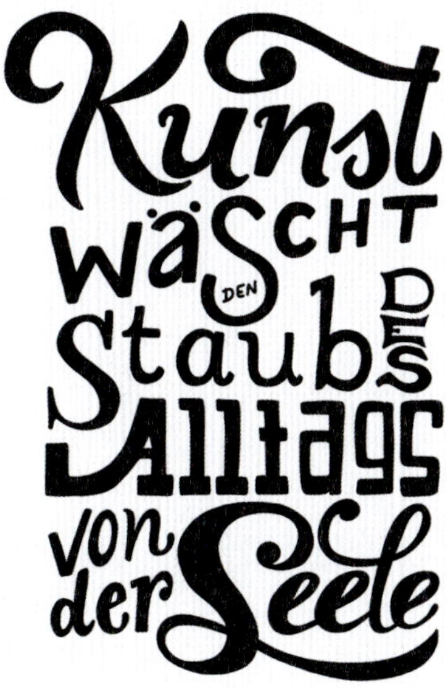

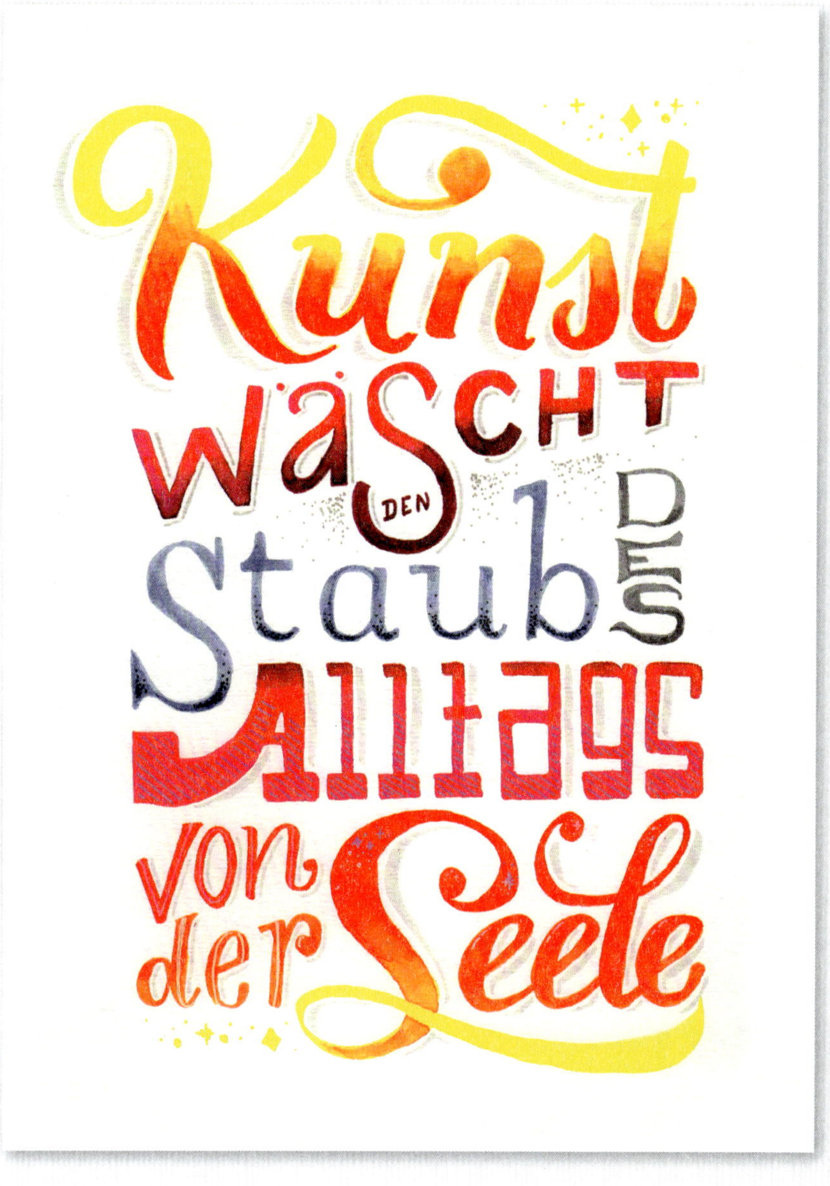

28 Ligaturen

Ligaturen sind besondere Verbindungen zweier oder mehrerer Buchstaben. Im Handlettering können Sie solche Verschmelzungen überall dort einsetzen, wo sich die Teile zweier Buchstaben zu nah kommen.

Die durch eine Ligatur entstehende Optik ist beim Handlettering durchaus erwünscht – deshalb können Sie von vornherein einplanen, bestimmte Buchstaben eng aneinander zu zeichnen, sodass Sie sie miteinander verbinden können. Dies gilt nicht nur für benachbarte Buchstaben, sondern kann auch zeilenübergreifend stattfinden. Gerade beim Brushlettering ergeben sich hierfür schöne Möglichkeiten.

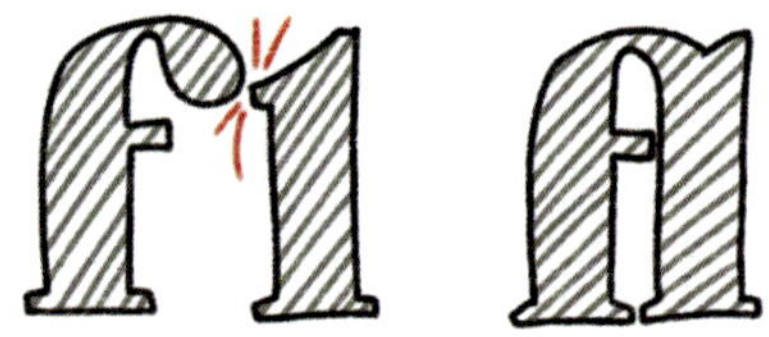

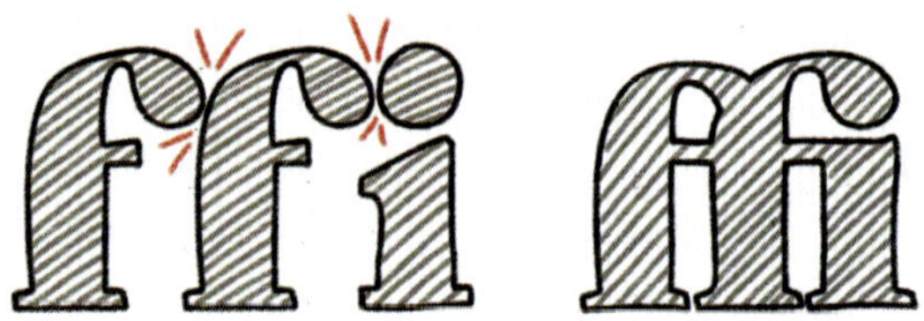

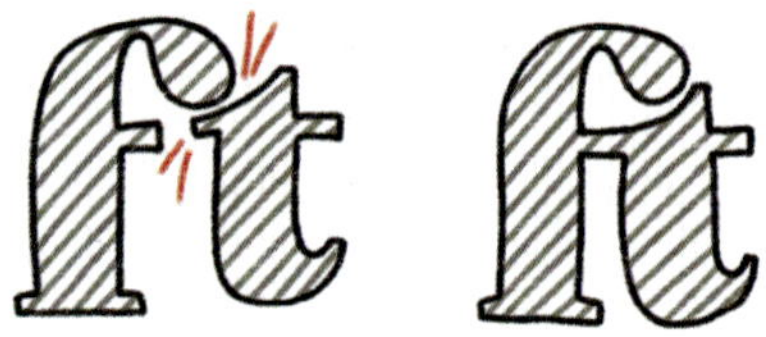

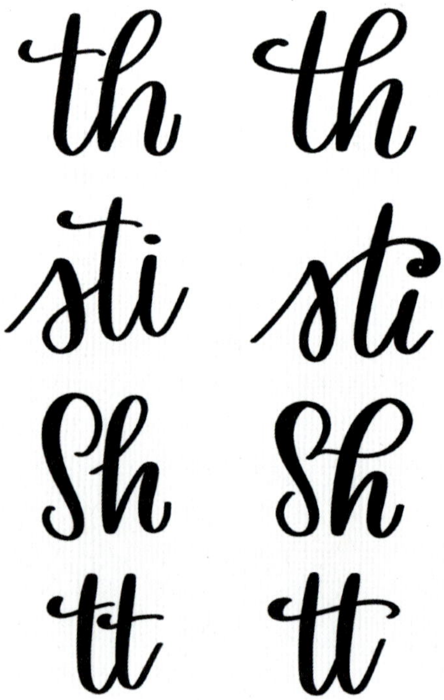

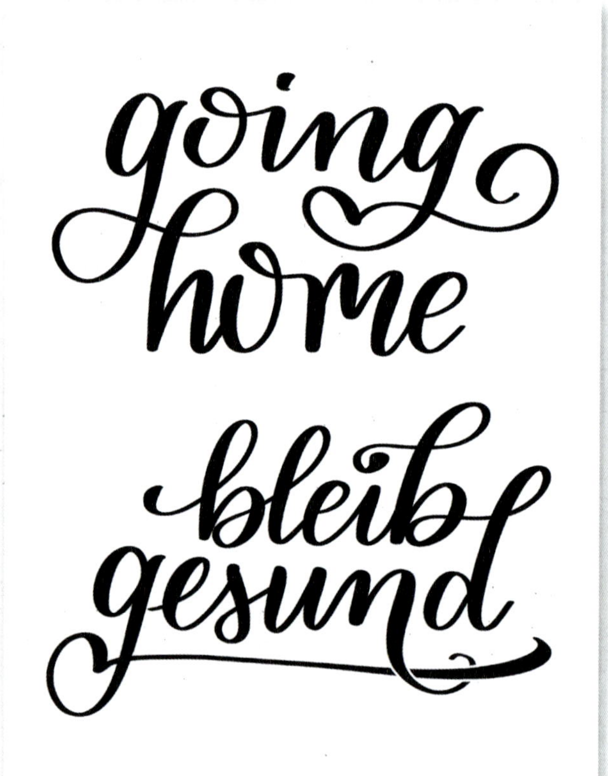

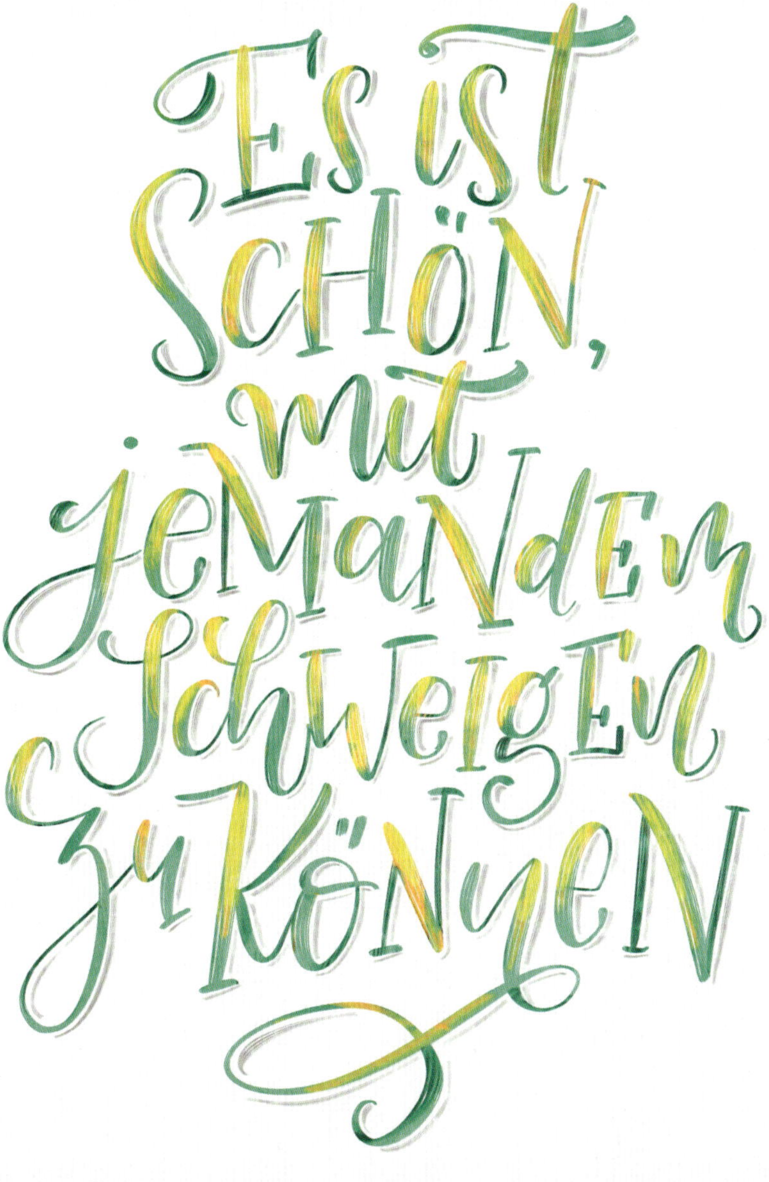
Es ist schön,
mit
jemandem
schweigen
zu können

29 Buchstaben verflechten

Kombinieren Sie doch einmal zwei Wörter, indem Sie diese ineinander verflechten! Dazu eignet sich eine Kombination aus langen und schmalen Buchstaben sowie einer Schreibschrift.

Schritt 1

Das erste Wort skizzieren Sie in schlanken, langgezogenen Lettern. Dann fügen Sie quer über die gesamte Breite dieses Wortes ein zweites, kleineres Wort hinzu.

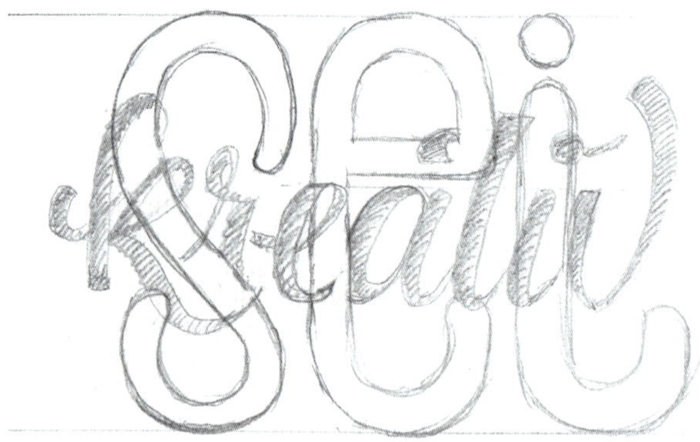

Schritt 2

Legen Sie ein dünnes Blatt Papier über Ihre Skizze oder radieren Sie die Zeichnung so weit weg, dass nur noch schwache Linien zu sehen sind.

Färben Sie das quer geschriebene Wort mit den Farben Ihrer Wahl ein. Dort, wo Überdeckungen durch die großen Buchstaben stattfinden sollen, lassen Sie die Farbe allerdings weg.

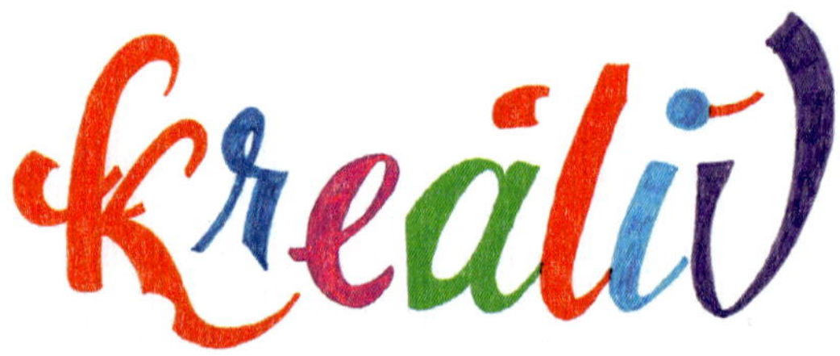

Schritt 3

Färben Sie anschließend das zweite Wort oder füllen es mit einem Muster. Jetzt werden auch die Überdeckungen erkennbar. Sie können diesen Effekt noch verstärken, indem Sie einen Schlagschatten hinzufügen.

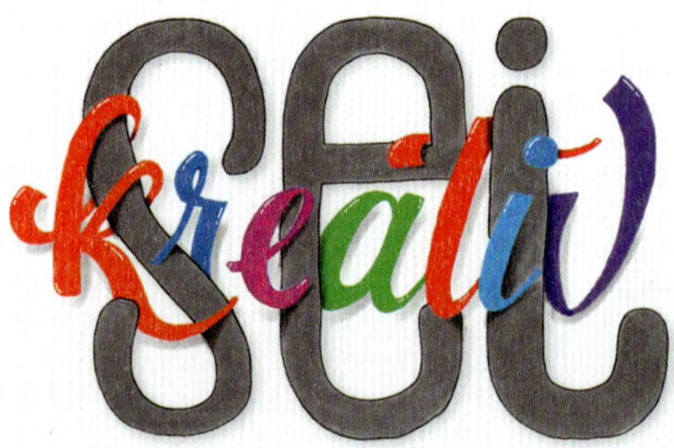

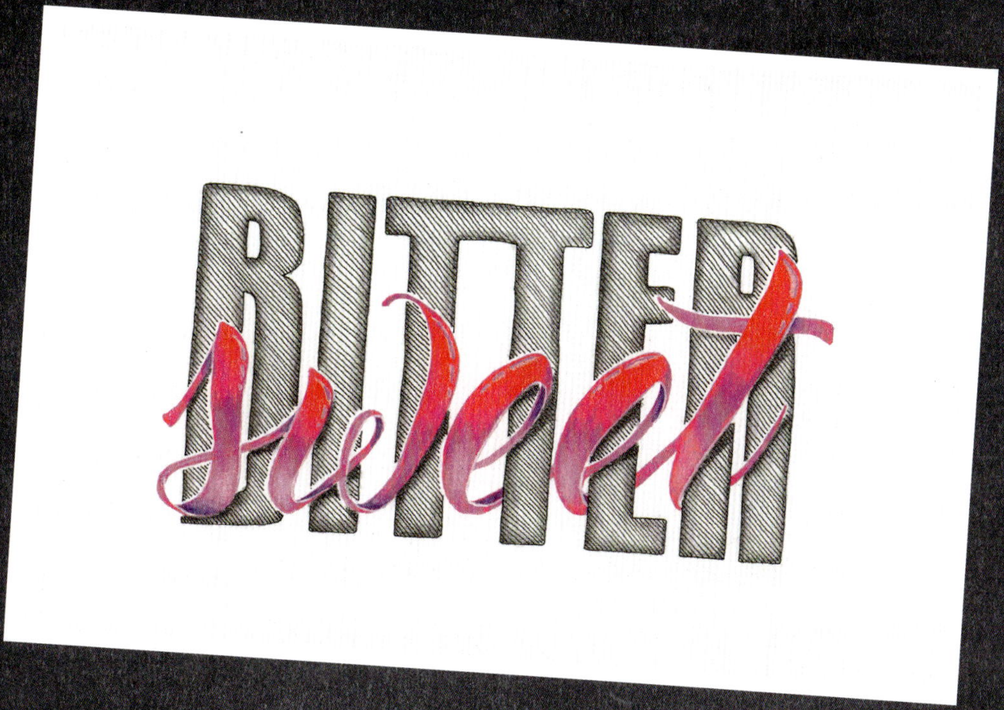
BITTER
sweet

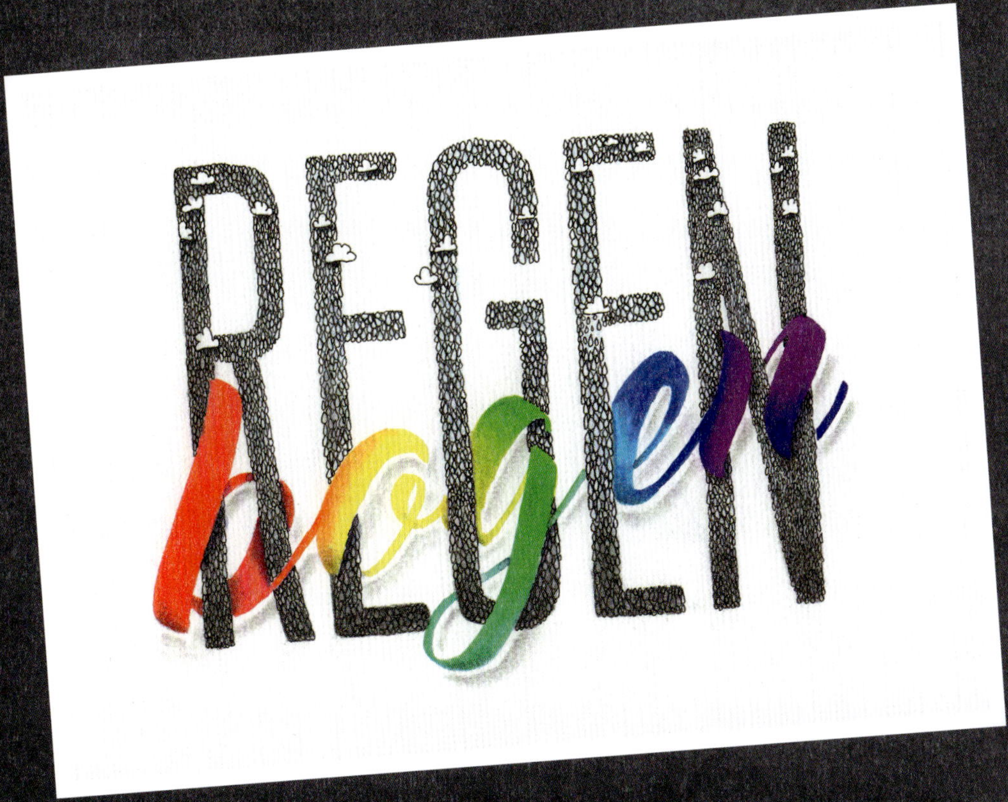
REGEN
bogen

30 Dekorative Elemente

Die i-Tüpfelchen des Handletterings sind die grafischen Elemente, die den Text begleiten. Sie können Struktur in die Gestaltung bringen, Leerräume füllen oder Wichtiges hervorheben. Dabei gibt es grafische Elemente, die sich in der Welt der Lettering-Künstler verfestigt haben und die auch in Ihr küntlerisches Repertoire gehören.

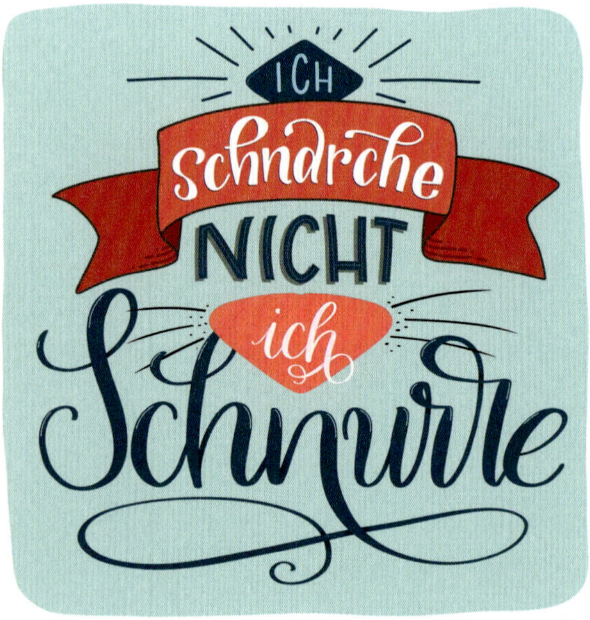

In diesem Beispiel gibt es vier grafische Elemente. Von oben nach unten sind dies:

- die Raute um das Wort „ich“,
- die Strahlen, die diese Raute umgeben,
- der Banner, in dem das Wort „schnarche“ gelettert ist,
- die Katzennase mit den Schnurrhaaren.

Haben Sie bemerkt, wie sich das Wort „schnurre“ hinter der Katzennase versteckt? Das h und das r umschlingen außerdem die Schnurrhaare.

Spielen auch Sie mit den grafischen Elementen, wenn Sie Worte lettern. So schaffen Sie eine Verbindung zwischen Vorder- und Hintergrund, zwischen Lettering und Grafik.

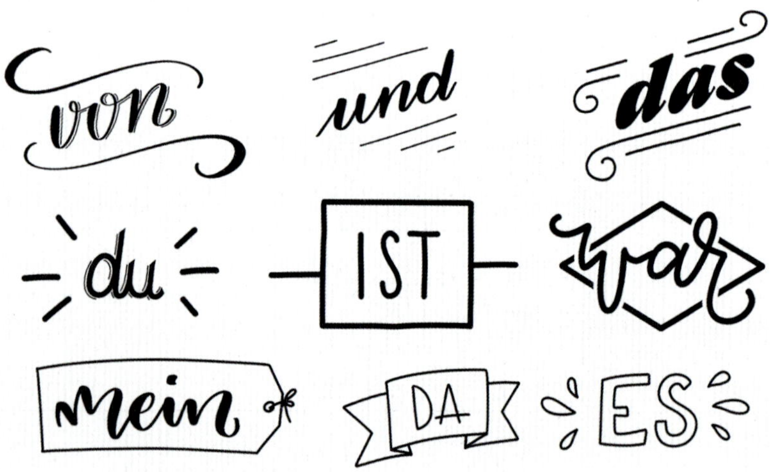

ÜBRIGENS ...

Kurze, für die Gesamtaussage weniger wichtige Wörter können mithilfe einiger weniger Linien zum illustrativen Element werden. Damit können Sie nicht nur Ihr Lettering optisch interessanter gestalten, sondern auch verhindern, dass die kleinen Wörter untergehen.

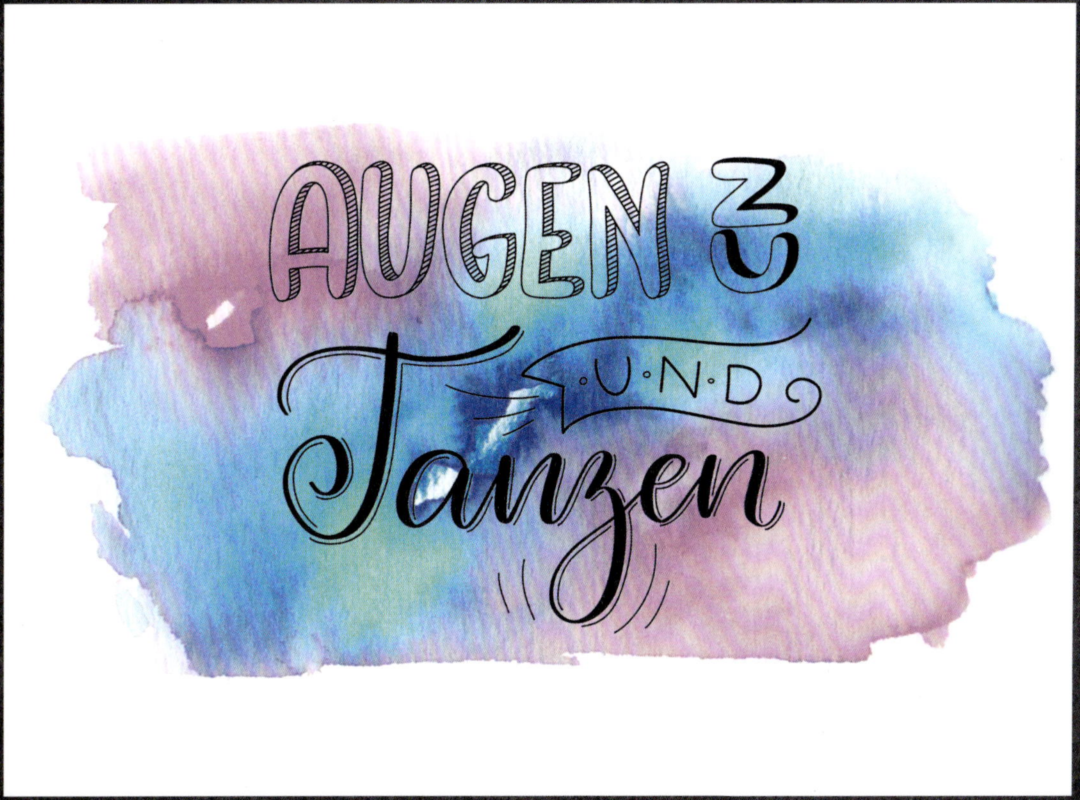
AUGEN ZU
UND
Tanzen

31 Banner

Die sogenannten Banner oder auch Bänder lassen sich sehr vielseitig einsetzen. Auf der einen Seite können Sie wichtige Wörter mit Bannern so richtig zur Geltung bringen – dazu designen Sie das Band entsprechend groß und üppig. Auf der anderen Seite können Sie mit Bannern und Bändern kleine Füllwörter oder Artikel einfassen, die sonst optisch untergehen würden.

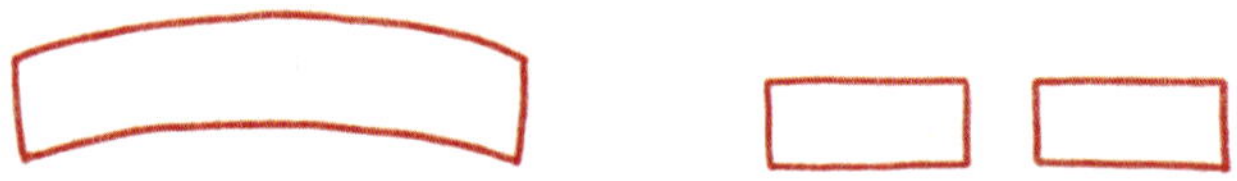

Schritt 1

Banner zu zeichnen, ist nicht schwer. Beginnen Sie am besten mit dem Teil, in den Sie Ihren Text setzen möchten. Zeichnen Sie also eines oder mehrere Rechtecke neben- oder untereinander. Die Rechtecke können auch gekrümmt oder gebogen sein.

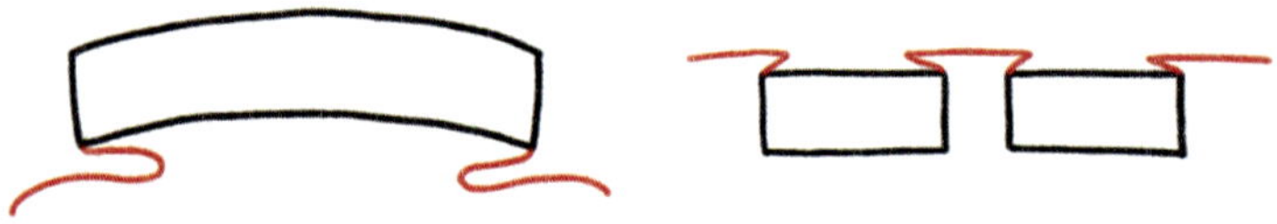

Schritt 2

Nun erweitern Sie das Rechteck zu einem Band bzw. verbinden die Rechtecke, sollten Sie hier mehrere haben. Setzen Sie den Stift dazu an einer Ecke des Rechtecks an und zeichnen Sie den Verlauf Ihres Bandes zum Ende der Schleife bzw. zur Ecke des nächsten Rechtecks. Sollten sich das Rechteck und die zu gestaltende Kante hier in die Quere kommen, übermalen Sie nicht das Rechteck, sondern lassen Sie die entsprechenden Teile der Kante einfach aus. Die zu beschriftenden Teile bleiben immer im Vordergrund.

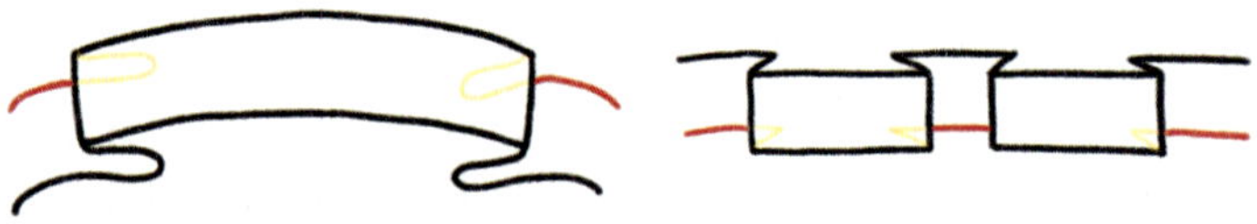

Schritt 3

Anschließend spiegeln Sie die Kante auf der gegenüberliegenden Seite. Hier gibt es meist mehr in Sachen Verdeckungen zu beachten. Mit etwas Übung und Vorstellungskraft wissen Sie bald, welche Teile des Banners sich selbst überdecken.

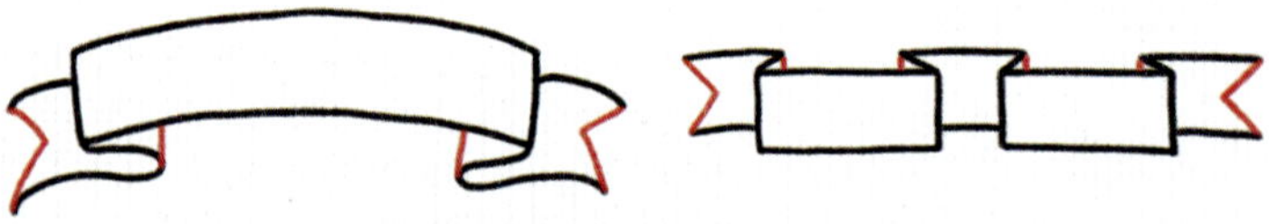

Schritt 4

Verbinden Sie zuletzt die Wende- und Eckpunkte Ihres Banners und fügen Sie etwas Schatten hinzu. Jetzt ist Ihr Banner bereit, beschriftet zu werden.

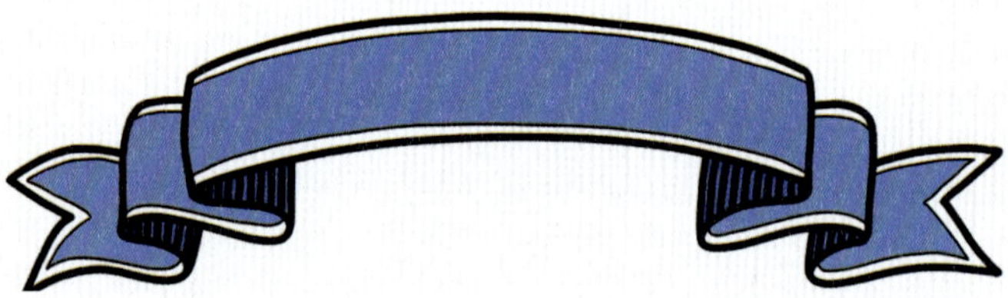

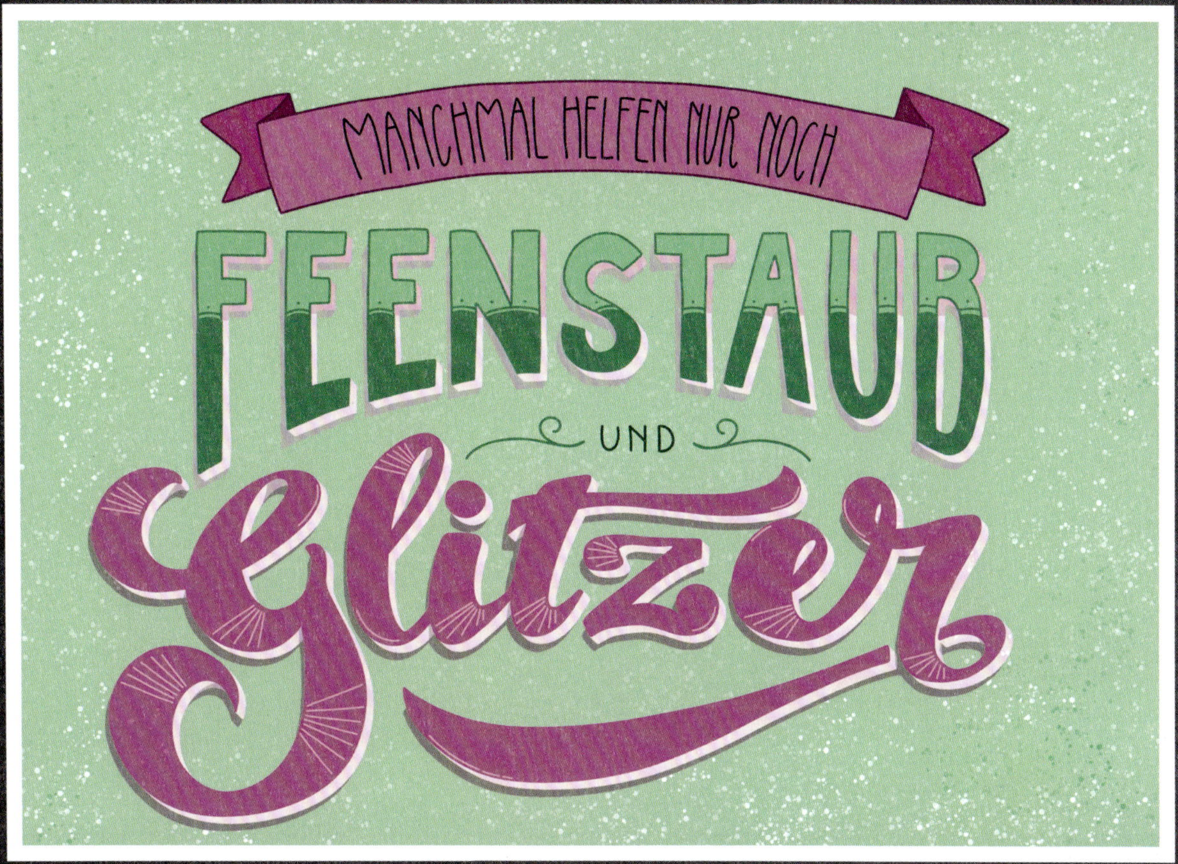
MANCHMAL HELFEN NUR NOCH
FEENSTAUB
UND
Glitzer

32 Illustration

Kleine Zeichnungen um Ihr Lettering herum können Lücken füllen, den Gesamteindruck interessanter machen oder auch den Sinn eines Spruches verdeutlichen. Dabei müssen solche Zeichnungen keineswegs kompliziert sein. Kleine Pfeile, Sterne und Herzen können Sie ebenso einsetzen wie einfache geometrische Formen.

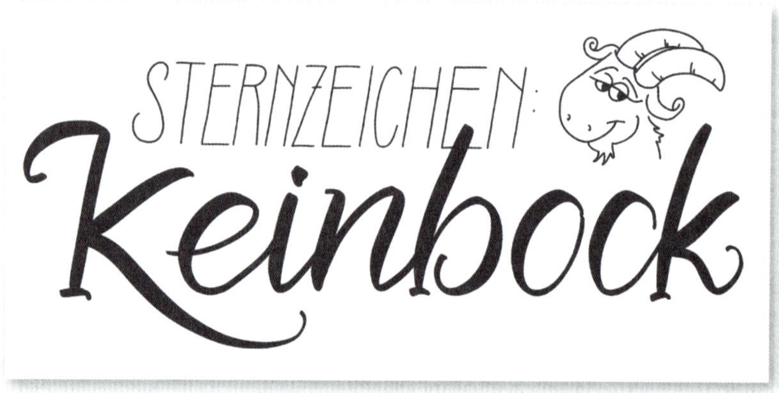

Trauen Sie sich zeichnerisch etwas mehr zu, sind kleine Illustrationen ein schöner Hingucker. Wenn Sie beim Zeichnen eine Vorlage verwenden, hilft dies enorm, denn Sie können sich charakteristische Merkmale Ihres Objekts abschauen. Aus dem Gedächtnis Dinge zu zeichnen, die man vorher nicht genau studiert hat, führt selten zu einem zufriedenstellenden Ergebnis. Wenn Sie sich also an einem Foto oder einer Grafik orientieren können, nutzen Sie diese!

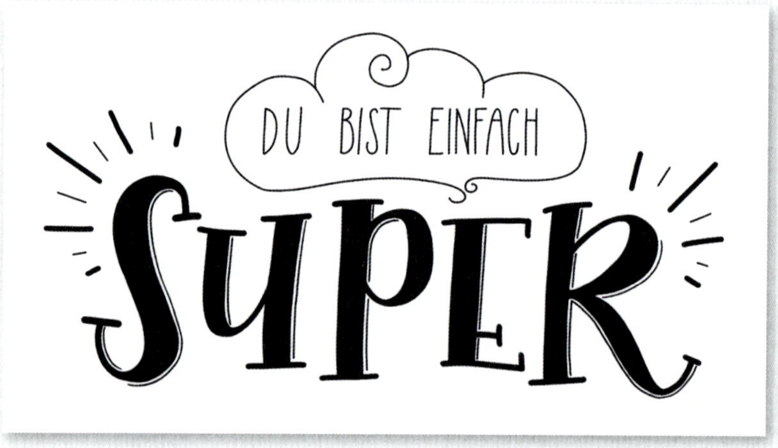

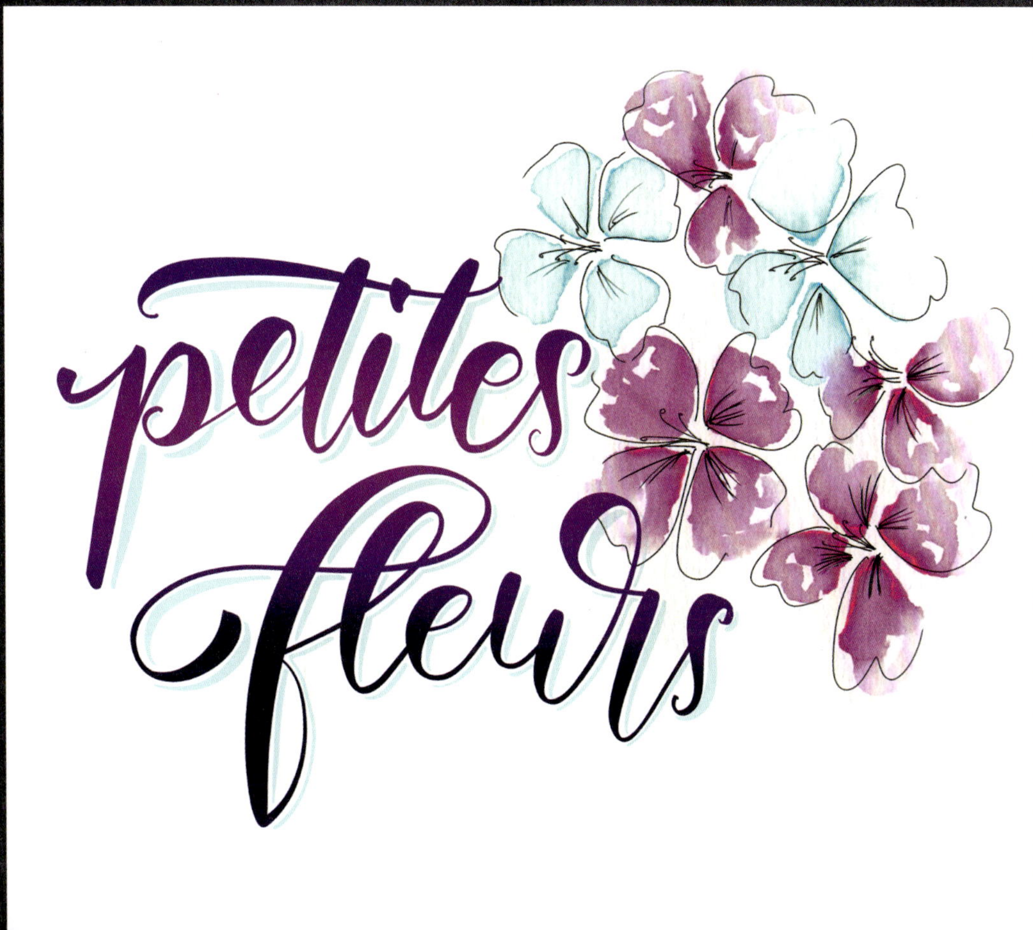
petites
fleurs

33 Formgebend lettern

Schrift kann sich nicht nur in eine Form einfügen, sie kann selbst die Form bilden. Dazu müssen sich die Buchstaben manchmal ganz schön verbiegen. Dick gemalte Buchstaben eignen sich sehr gut, da man sie praktisch in jede Form hineinzeichnen kann und sie dennoch leserlich bleiben. Serifen sind hierbei nützlich, denn sie dienen als Lückenfüller und helfen dabei, die Kontur der Form deutlicher nachzeichnen zu können.

Schritt 1

Zeichnen Sie die Form für Ihren Text mit Bleistift vor. Horizontale Hilfslinien können Ihnen Orientierung geben. Aber auch diagonale oder geschwungene Grundlinien sind erlaubt!

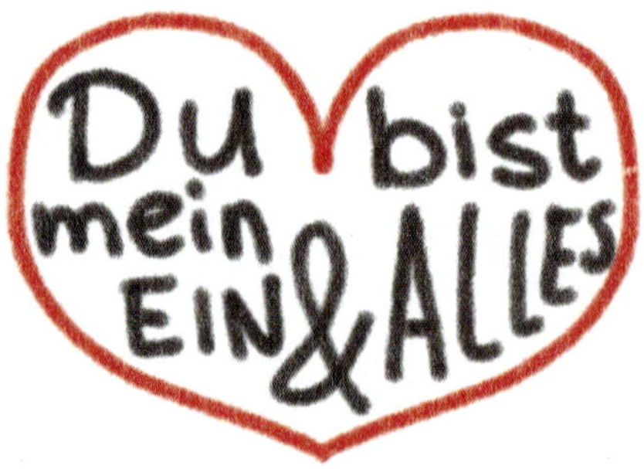

Schritt 2

Zeichnen Sie mit genügend Buchstabenabstand das Buchstabenskelett vor. Aber Achtung: Zu breite Wortabstände könnten die Fläche lückenhaft wirken lassen. Seien Sie bei der Worttrennung also kreativ. Sie können den Beginn eines neuen Wortes auch durch einen Wechsel der Schriftart, der Farbe oder der Schreibrichtung anzeigen.

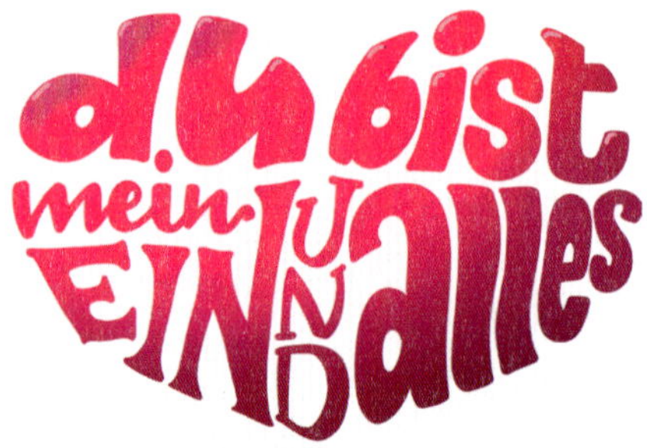

Schritt 3

Nun skizzieren Sie die Buchstabenkörper, hierfür nehmen Sie ebenfalls den Bleistift.

Schritt 4

Zum Schluss malen Sie Ihr Lettering mit Farbe nach. Vergessen Sie nicht, auch ein bisschen Deko einzusetzen – ein paar kleine Lichtpunkte, die mit einem hellen Gelschreiber gesetzt sind, wirken immer gut.

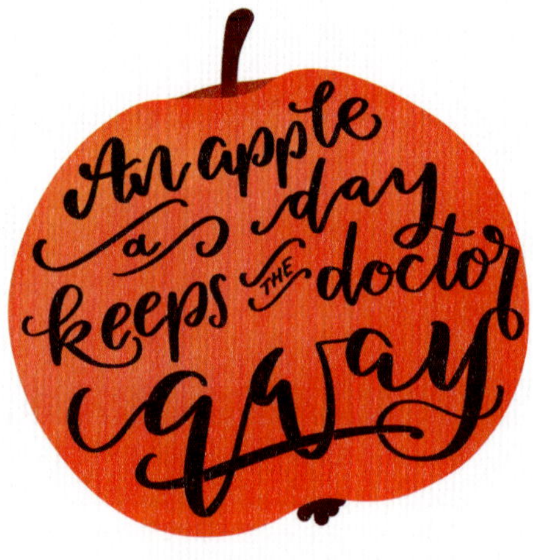

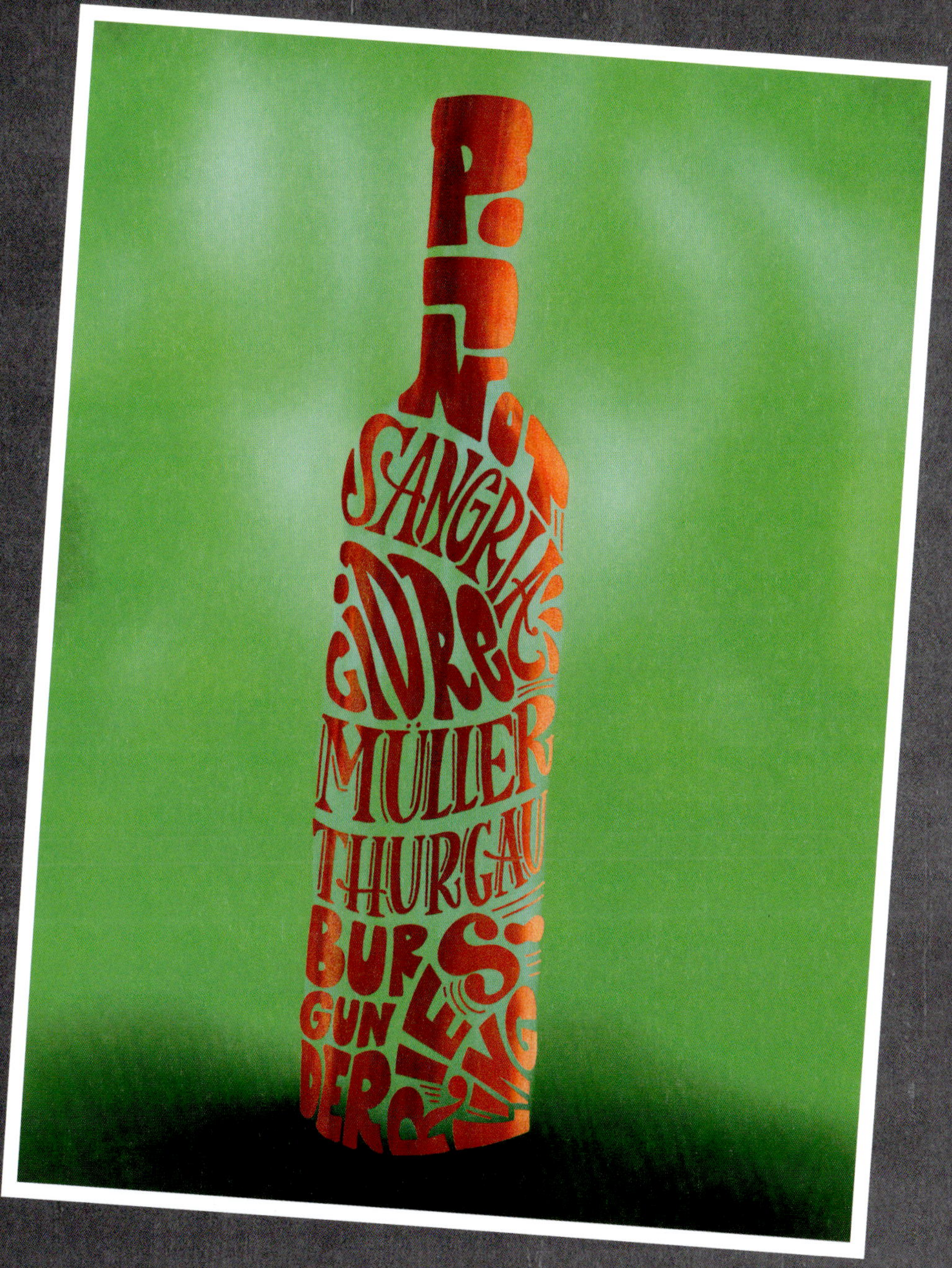
SANGRIA
MÜLLER
THURGAU

34 Rahmen und Kränze

Es gibt schier unendlich viele Möglichkeiten, ein Lettering einzurahmen. Sie können Linien, Bögen, Schnörkel und Ornamente mit einem Fineliner zeichnen. Auch lose verteilte Objekte wie Kreise oder Sterne können Sie einsetzen und in entsprechender Anordnung platzieren. Geschlossen oder halb offen bilden die verketteten Einzelteile eine Umrandung, als Linie oder allein für sich stehend können Sie sie als Trennelement zwischen Zeilen nutzen.

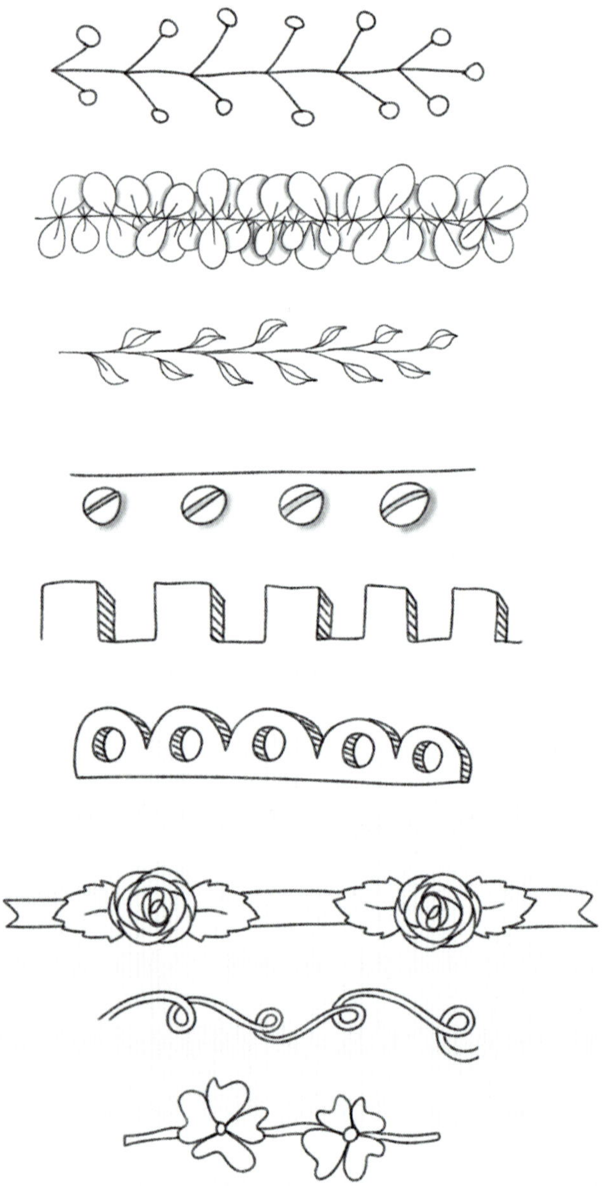

Am besten gelingt der Rahmen, wenn Sie ihn locker zeichnen, es aber dennoch schaffen, dabei in etwa die gewünschte Form einzuhalten. Möchten Sie beispielsweise einen kreisrunden Rahmen erstellen, zeichnen Sie sich den Kreis mit Bleistift vor. Die Einzelteile, also z. B. Blumen, Kreise oder Schlaufen, brauchen Sie in der Regel nicht vorzuzeichnen. Wenn Sie allerdings unsicher sind, probieren Sie einen kleinen Teil des Rahmens auf einem Schmierblatt aus. Gleiches gilt auch für rechteckige Rahmen.

Widerstehen Sie bei rechteckigen Rahmen der Versuchung, lange Geraden komplett mithilfe eines Lineals zu gestalten. Besser ist es, das Lineal nur für die Bleistitlinie zu verwenden und diese Gerade dann mit möglichst ruhiger Hand, aber ohne weitere Hilfsmittel nachzuziehen. Bewegen Sie dabei den ganzen Arm und setzen Sie den Stift ruhig zwischendurch ab, wenn Sie Ihre Haltung korrigieren möchten. Denken Sie daran: Beim Handlettering kommt es nicht auf Perfektion an, was die Geradheit einzelner Striche oder Kreise betrifft. Ihr Werk wird auch mit leicht zittrigen, krummen oder unterbrochenen Linien schön – Sie müssen bloß die Muße behalten und Ihr Bild fertig bringen.

ÜBRIGENS …

Oft sieht ein Lettering im Entstehungsprozess ganz und gar nicht nach einem Meisterwerk aus. Wenn sich jedoch am Ende die Teile zusammenfügen und die Dekoration aufgebracht ist, zeigt sich die ganze Schönheit der liebevoll gestalteten Handarbeit – denken Sie im Fall des Falles daran und geben Sie nicht auf.

Kränze sind eigentlich nichts anderes als runde Rahmen. Beherzigen Sie also die Empfehlungen für die Rahmen hier ebenfalls: Zeichnen Sie erst die runde Form mit Bleistift vor und ordnen Sie dann die Elemente entlang der Linie an.

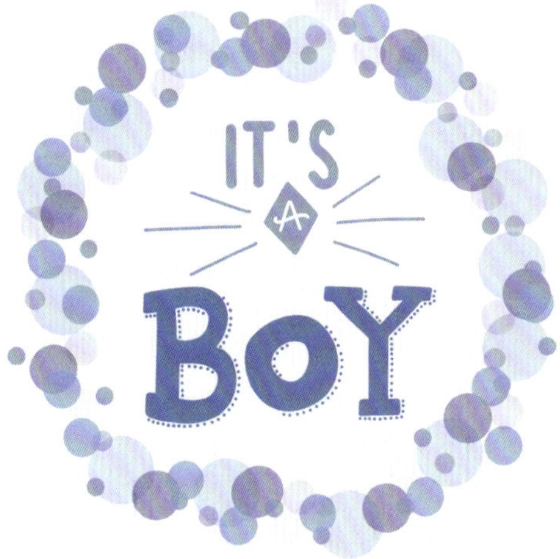

Häufig bestehen Kränze aus floralen Elementen wie Blumen, Blättern und Zweigen. Dabei können Sie den ganzen Kreis gleichförmig aus immer den gleichen Bausteinen zusammensetzen.

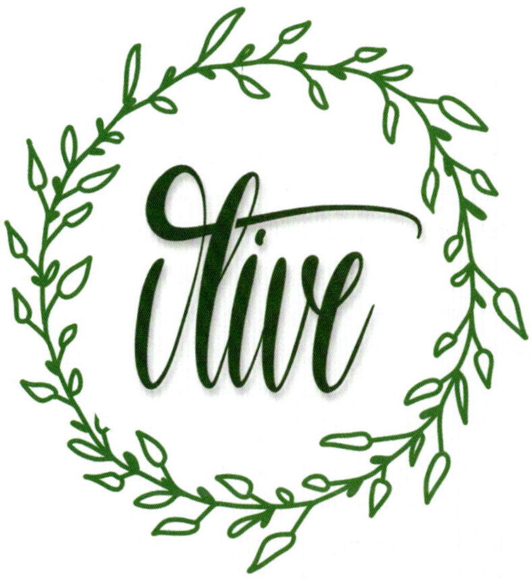

Alternativ können Sie einen Bereich besonders hervorheben, indem Sie hier größere Blumen anbringen. Wo genau Sie diesen Hingucker platzieren, bleibt Ihrem persönlichen Geschmack überlassen.

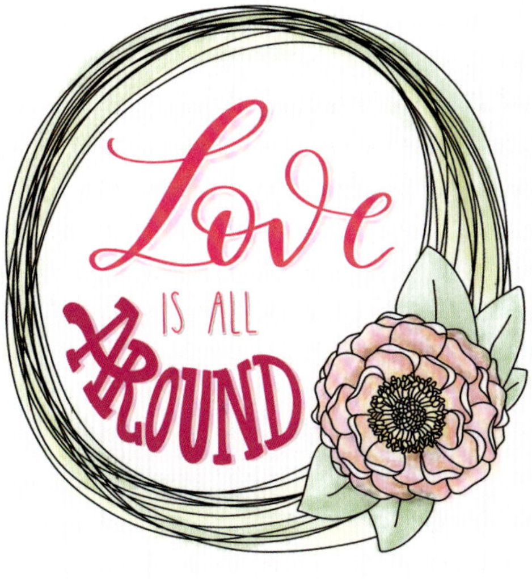

35 Aus dem Rahmen fallen

Rahmen sind keineswegs feste Grenzen, die Ihre Buchstaben nicht überschreiten dürfen. Ganz im Gegenteil! Lassen Sie die Lettern ausbrechen und verleihen Sie Ihnen mit Deko-Elementen oder Farbe noch mehr Gewicht.

Runde oder ovale Rahmen eignen sich besonders gut für diesen Effekt. Zuerst planen Sie die Positionierung Ihres Letterings (siehe dafür auch „Kreisförmiges Layout gestalten" auf Seite 34). Dann zeichnen Sie sich Ihre Rahmenform vor und legen darin die nötigen Hilfslinien an.

Beim Zeichnen des Buchstabenskeletts beginnen Sie mit dem großen Wort und lassen es auf beiden Seiten über den Rand hinausragen. Dann fügen Sie den restlichen Text auf dem Kreisbogen hinzu. Anschließend fertigen Sie von Ihrer Skizze die Reinzeichnung an.

Tipp

Sie müssen gar keinen Rahmen zeichnen, wenn der Text bereits einen Rahmen andeutet! Dann geben die Buchstaben bereits eine schöne Umrandung ab.

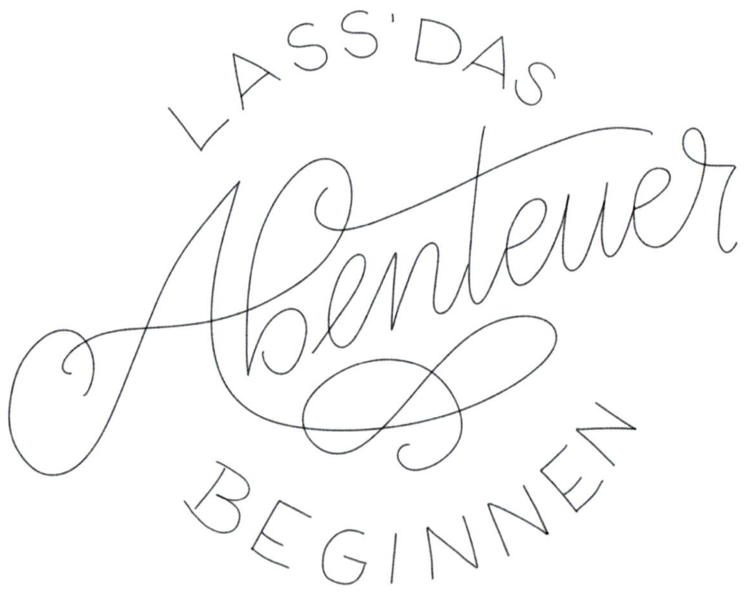

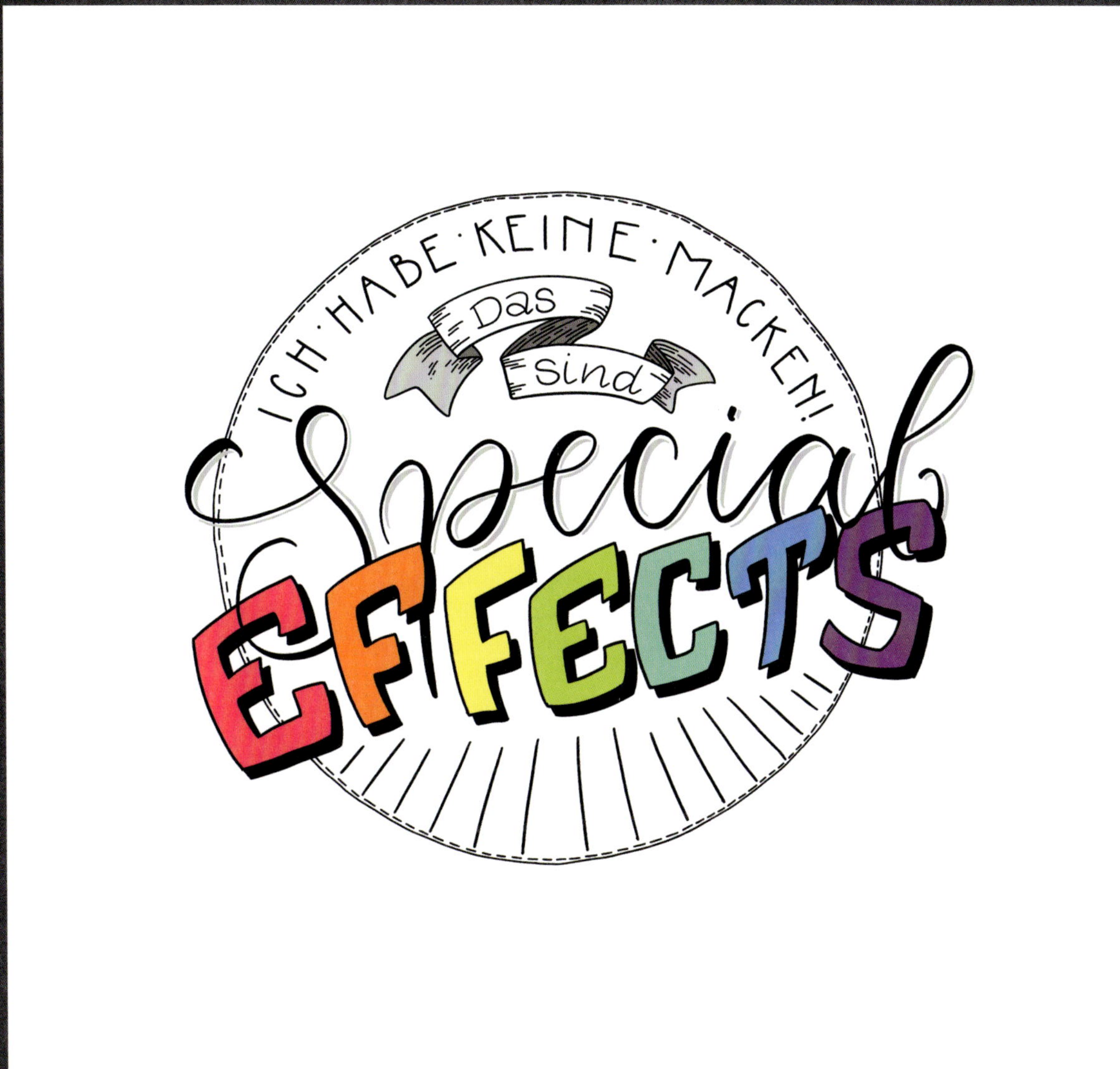
ICH · HABE · KEINE · MACKEN!
Das
sind
Special
EFFECTS

36 Dekorieren mit weißem Stift

Mit einem weißen Gelschreiber können Sie Akzente auf Ihre Buchstaben setzen oder den Hintergrund aufpeppen. Alternativ können Sie Deckweiß verwenden – mit einer Zahnbürste oder einem Borstenpinsel können Sie so zudem kinderleicht einen Sternenhimmel entstehen lassen. Sprenkeln Sie die weiße Farbe dafür einfach auf einen dunklen Hintergrund.

Setzen Sie kleine Lichtpunkte auf die Buchstaben, um einen Glanzeffekt zu simulieren.

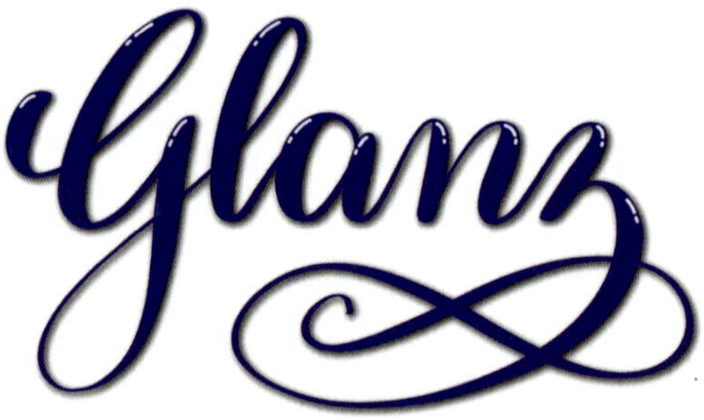

Teilen Sie die Abstriche Ihrer Buchstaben optisch in zwei Hälften, indem Sie einen langen weißen Strich in die Mitte setzen.

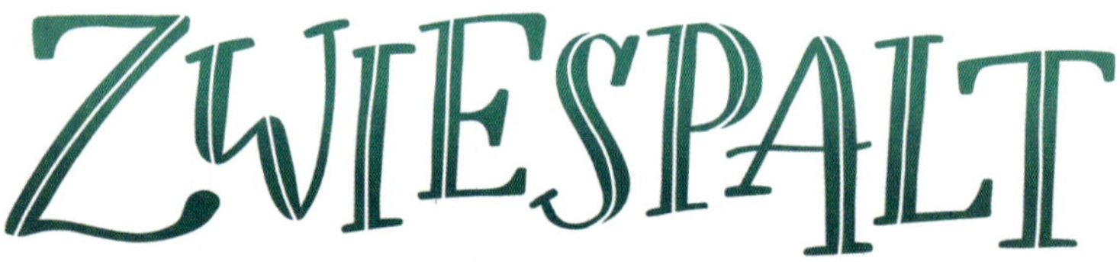

Mit kleinen Punkten oder Strichen können Sie dickere Buchstaben dekorieren. Lassen Sie die Dekoration nach unten hin dichter werden, um einen Verlauf zu erzeugen. Sparen Sie den Rand dabei aus.

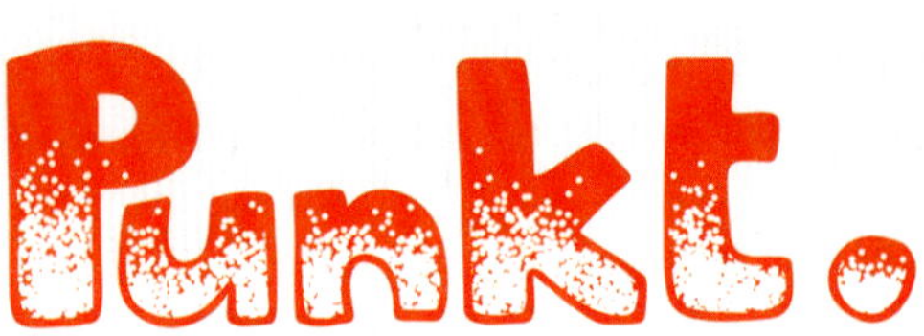

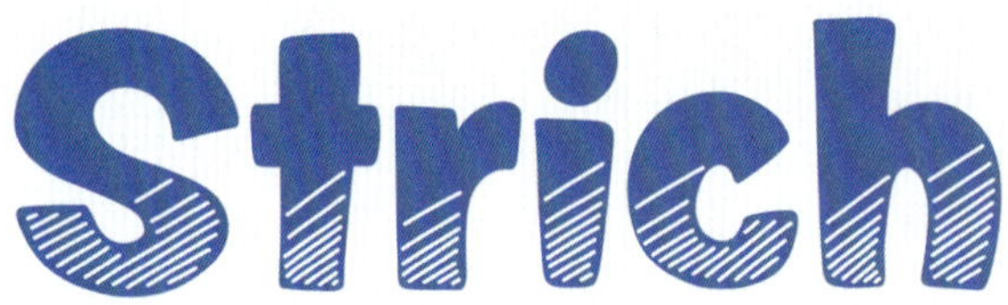

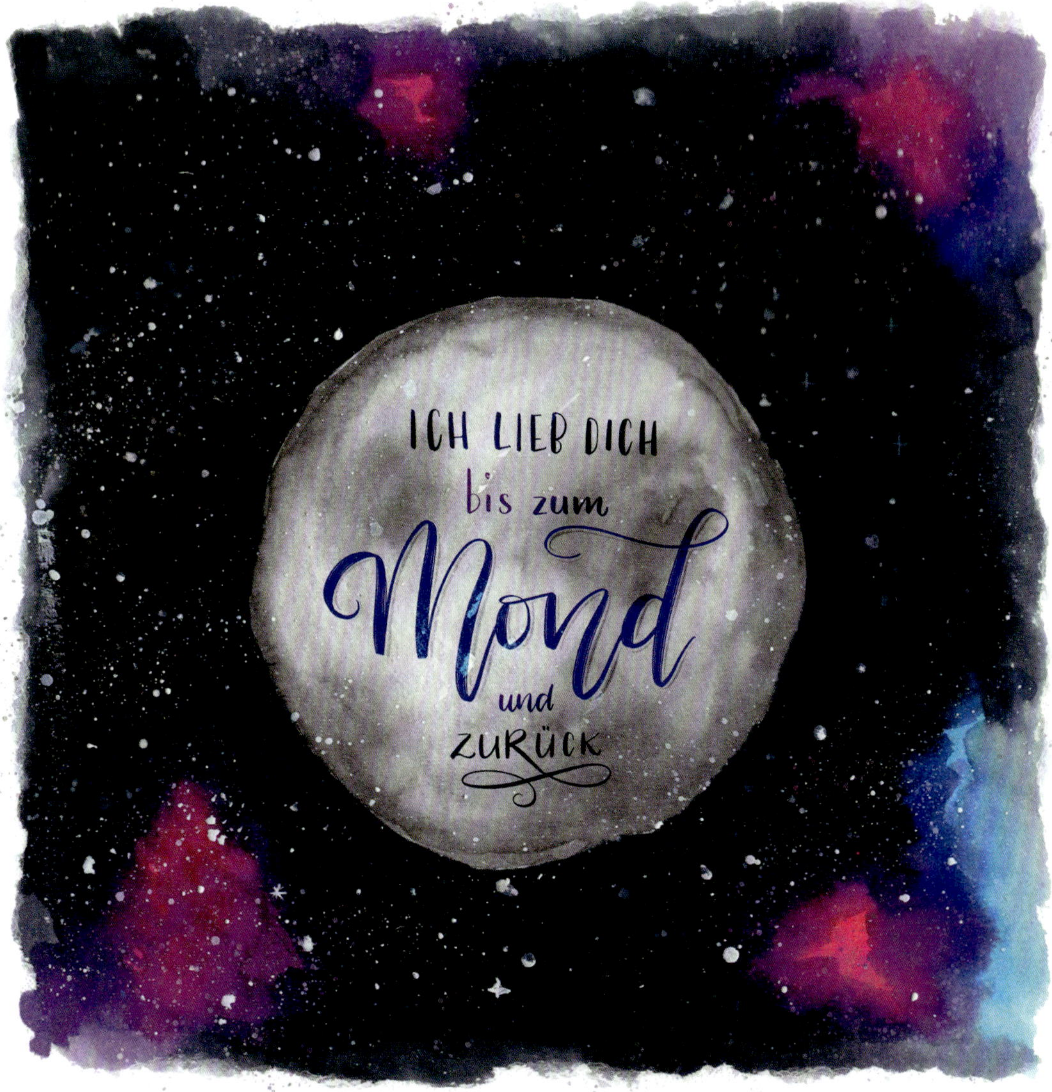
ICH LIEB DICH
bis zum
Mond
und
ZURÜCK

37 Negativ lettern

Füllen Sie den Weißraum um Ihre Buchstabenkörper herum, anstatt die Buchstaben selbst einzufärben. Dazu skizzieren Sie die Buchstaben erst mit einem Bleistift und ziehen dann die Umrandung mit einem Fineliner nach. Anschließend füllen Sie die Umgebung flächendeckend aus.

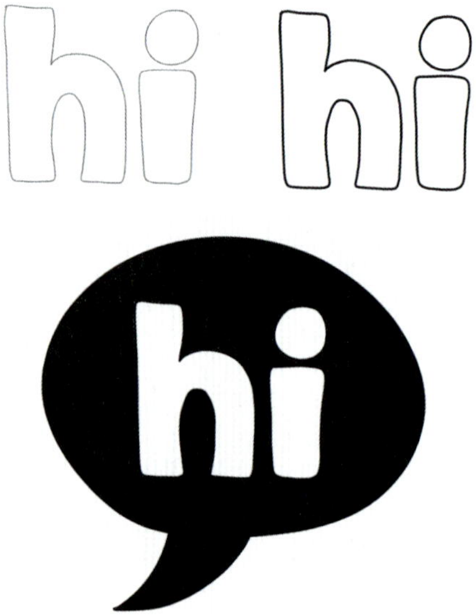

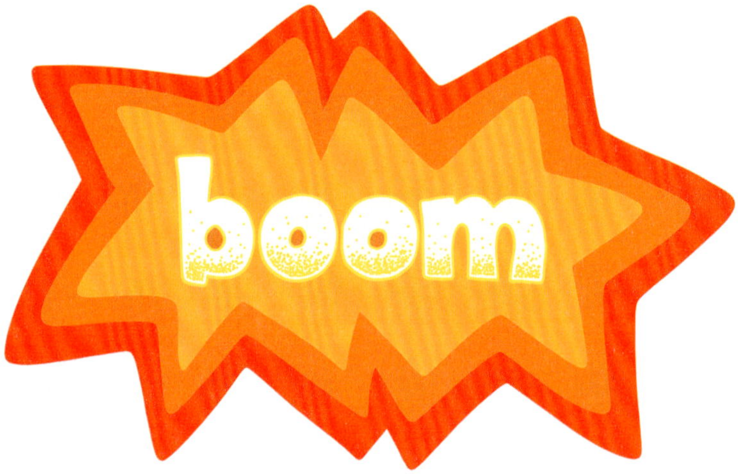

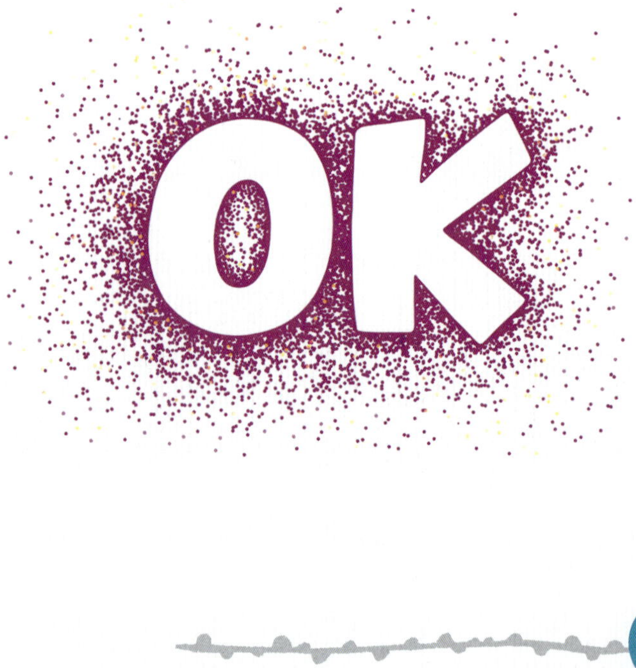

Selbstverständlich können Sie für den Raum rund um die Buchstaben auch verschiedene Farben und Muster verwenden. Und natürlich können Sie Ihre Buchstaben ebenfalls füllen.

Um Buchstaben von der Umgebung abzuheben, können Sie zudem Muster oder Punkte benutzen. Mit einem Verlauf sieht Ihr Lettering besonders interessant aus.

MEINE Küche MEINE Regeln

38 Hintergründe gestalten

Wenn Sie wasserbasierte Stifte und einen Pinsel besitzen, können Sie damit Aquarellhintergründe anfertigen. Dazu gibt es verschiedene Ansätze. Verwenden Sie dafür Aquarellpapier und lassen es vor dem Lettern gut trocknen.

Variante 1

Malen Sie mit den Farben Ihrer Wahl eine oder mehrere kleine, unregelmäßige Flächen. Verteilen Sie die Farbe anschließend mit etwas Wasser und einem Pinsel auf dem Papier.

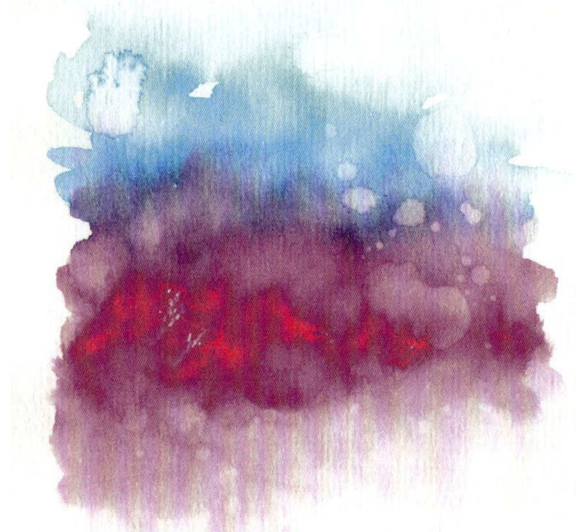

Variante 2

Malen Sie mit Ihren Stiften auf eine glatte Oberfläche, z. B. eine Transparenthülle oder einen Porzellanteller. Spritzen Sie nun einige Tröpfchen Wasser auf die Farbe und tunken das Papier hinein.

Tipp

Probieren Sie Variante 2 mit Luftpolsterfolie aus! Dadurch bekommen Sie eine schöne Struktur aus vielen kleinen Kreisen.

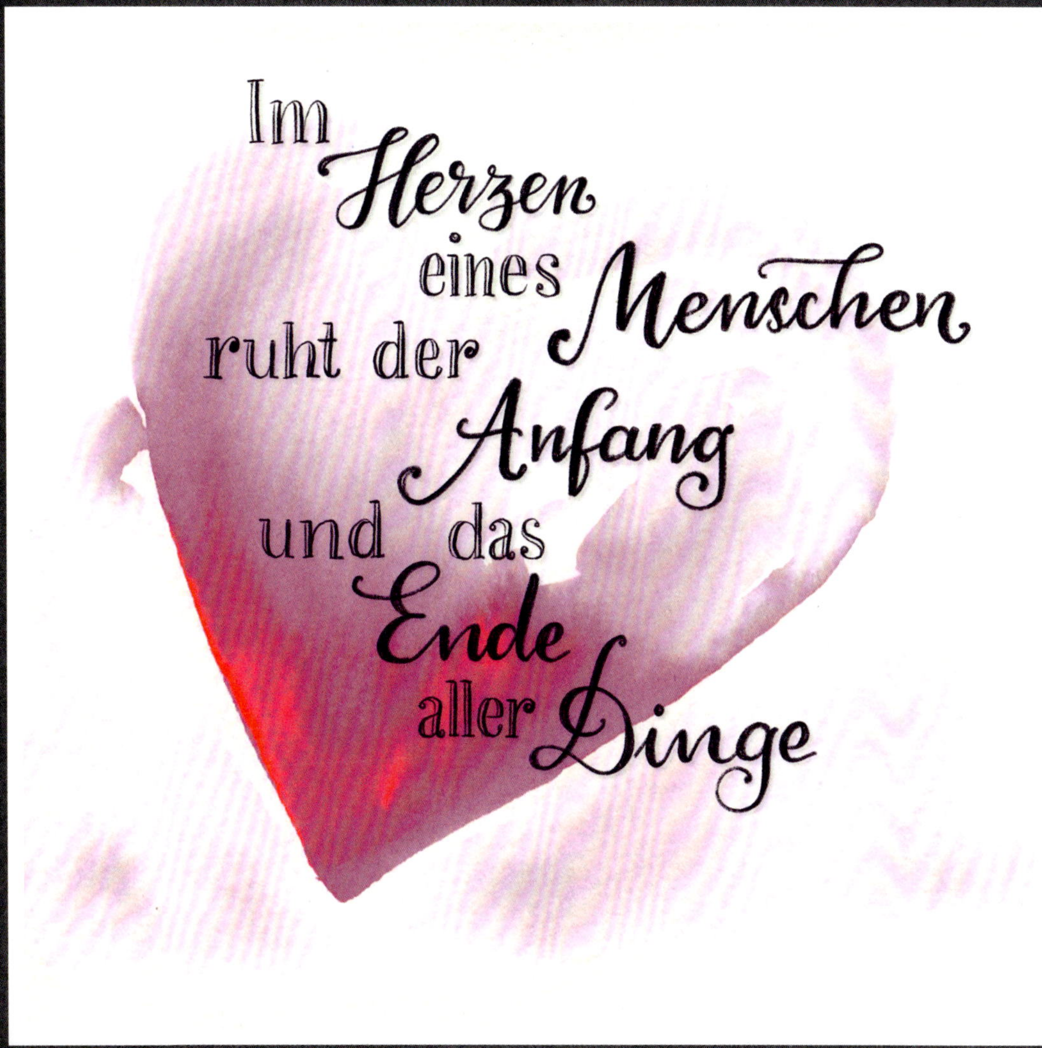
Im Herzen eines Menschen ruht der Anfang und das Ende aller Dinge

39 Lettering zentrieren

Die einfachste Methode, ein Lettering zu zentrieren, besteht darin, es zweimal zu zeichnen – einmal als Skizze und einmal als Reinzeichnung. Zwar bekommt man mit der Zeit ein Gefühl dafür, wie viel Platz eine Schrift in etwa benötigt. Dennoch gilt: Sobald es darum geht, das zentrierte Lettering auf einem hochwertigen Briefumschlag oder bei einem wunderschön gemalten Kranz zu platzieren, sollte das Vorhaben auch gelingen. Zu schade wäre es, wenn die aufwändige Vorarbeit umsonst gewesen wäre oder das teure Material verschwendet wird.

Schritt 1

Nehmen Sie ein Hilfsblatt zur Hand und lettern Sie Ihren Text hierauf vor. Das können Sie mit Bleistift tun oder gleich den Stift benutzen, den Sie auch zum Lettern verwenden wollen. Wichtig ist, schon jetzt die richtige Schriftgröße und Buchstabenbreite einzuhalten.

Schritt 2

Kontrollieren Sie zuerst, ob alle Zeilen in Ihren vorgegebenen Rahmen passen. Sie dürfen also nicht breiter sein als beispielsweise der Umschlag, den Sie adressieren möchten. Auch die Höhe müssen Sie kontrollieren. Ist genug Platz für alle Zeilen, auch wenn Sie einen gewissen Zeilenabstand berücksichtigen?

Schritt 3

Markieren Sie auf Ihrem „endgültigen" Papier – also z. B. auf dem Umschlag – die Mitte, indem Sie eine schwache Bleistiftlinie ziehen und deuten Sie auch die Grundlinien an. Bestimmen Sie ebenfalls die Mitte jeder Ihrer vorgeletterten Zeilen auf dem Hilfsblatt.

Schritt 4

Knicken Sie das Hilfsblatt direkt unter der ersten Zeile, sodass Sie die Unterkante parallel zur ersten Zeile auf Ihr „sauberes" Papier, in diesem Fall also den Umschlag legen können. Richten Sie dabei die markierten Mittelachsen von Hilfsblatt und Umschlag aufeinander aus. Wiederholen Sie dies Zeile für Zeile, bis Sie Ihr Lettering fertig gestellt haben.

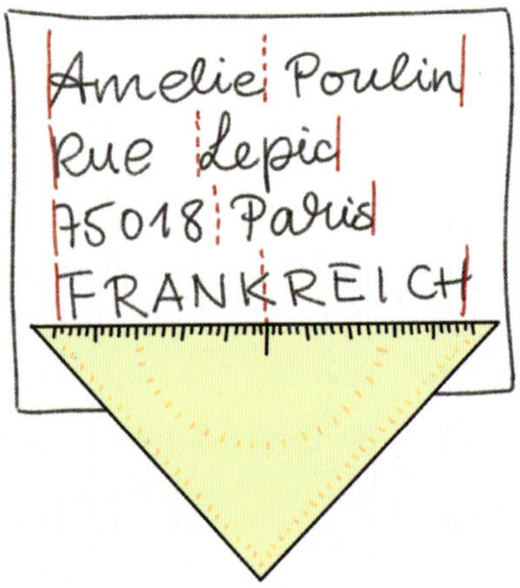

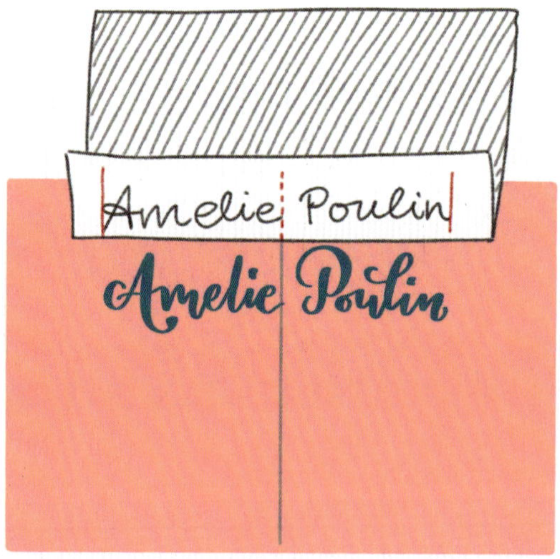

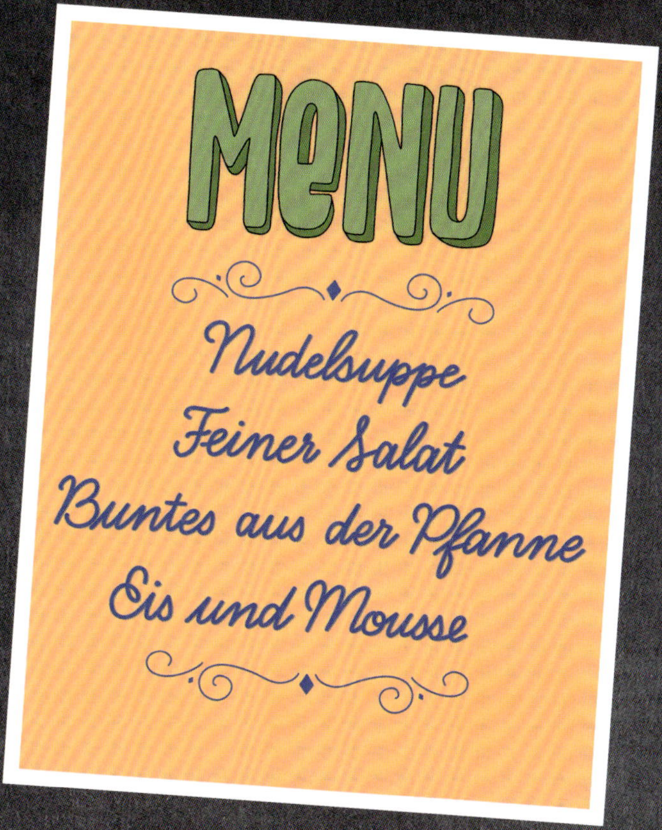
Menu
Nudelsuppe
Feiner Salat
Buntes aus der Pfanne
Eis und Mousse

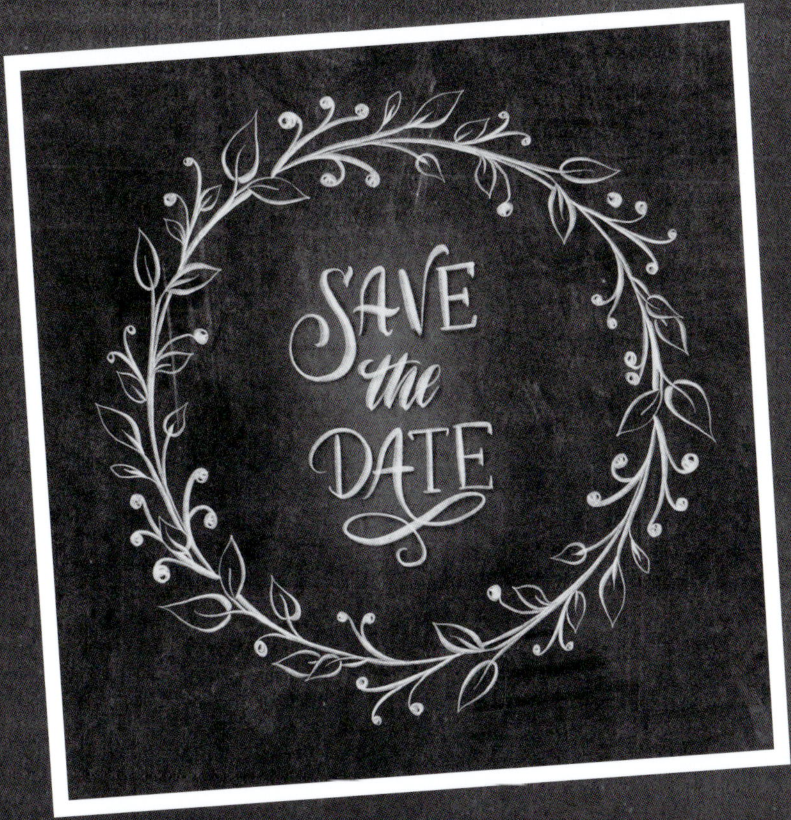
Save the Date

40

Jahreskalender gestalten

Das Schöne am Handlettering ist ja, dass man es tagtäglich einsetzen kann. Warum dann nicht auch für Ihren eigenen Kalender? Sie können dabei Ihr ganzes Handlettering-Wissen einsetzen und verschiedene Schriftarten nutzen. Zudem können Sie kleine Grafiken zeichnen.

Verwenden Sie für den Kalender ein einfaches Notizbuch, befüllen Sie einen Ringbuchordner oder legen Sie einen großen Monatskalender auf einem einzigen Blatt Papier an.

Ganz nach Ihren Wünschen können Sie Ihr eigenes Design zaubern und die Felder und Freiräume genauso groß gestalten, wie es Ihren Bedürfnissen entspricht.

Januar Mai September
Februar Juni Oktober
März Juli November
April August Dezember

Montag Freitag 1 2 3 4 5
Dienstag Samstag 6 7 8 9 0
Mittwoch Sonntag
Donnerstag

Kalender

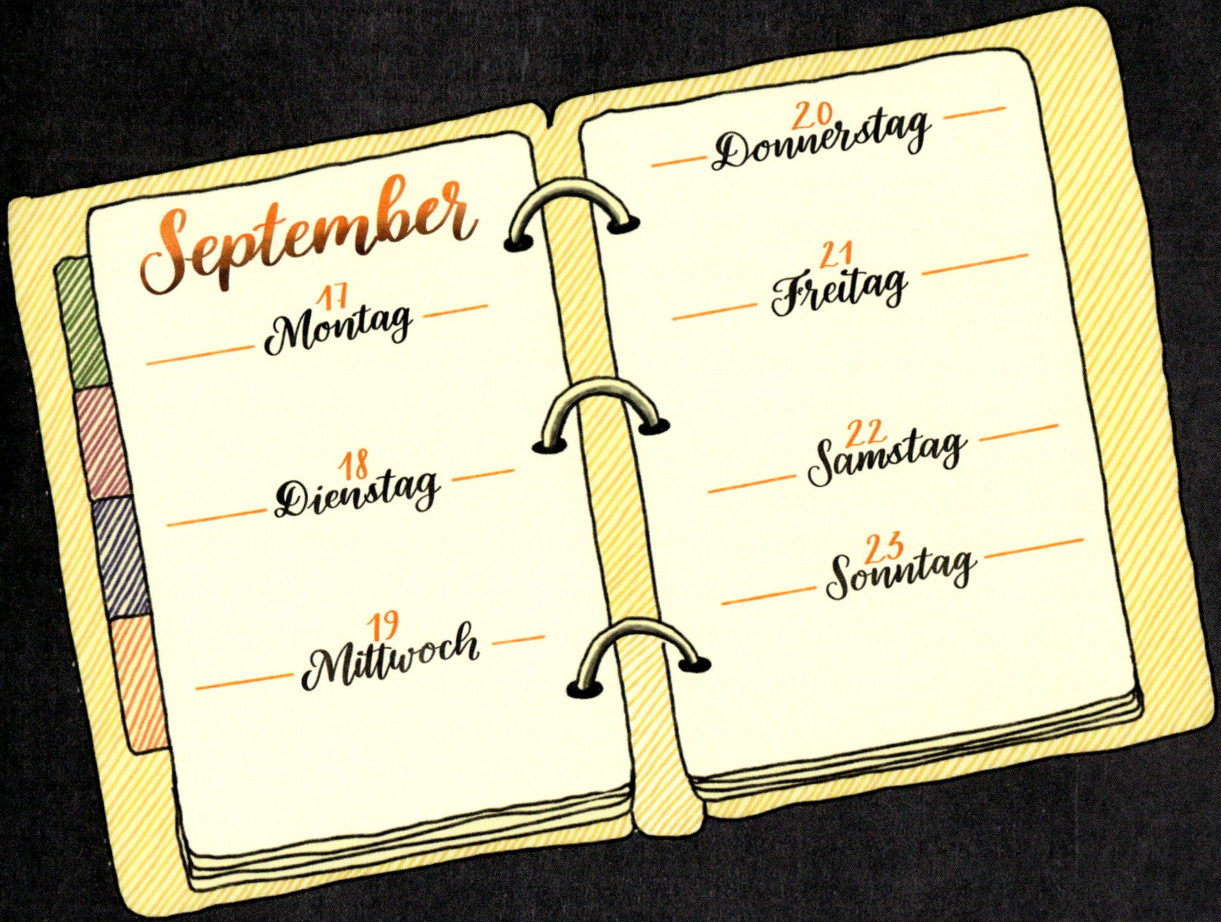
September
17 Montag
18 Dienstag
19 Mittwoch
20 Donnerstag
21 Freitag
22 Samstag
23 Sonntag

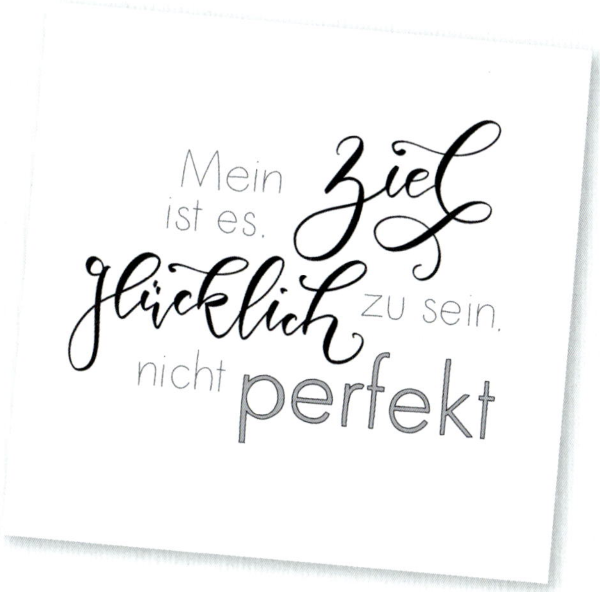

Ein besonderer Dank gilt der Firma edding, die uns den 1340 brushpen für diese Mappe zur Verfügung gestellt hat.

Poste dein TOPPlettering - Kunstwerk!

Einfach Schnappschuss machen, Foto mit dem Hashtag #TOPPlettering versehen & bei Instagram, Facebook oder Twitter posten.
Wir freuen uns auf dein Lettering!

IMPRESSUM

ILLUSTRATIONEN UND LETTERINGS: Ludmila Blum

FOTO: © edding

PRODUKTMANAGEMENT: Hannelore Irmer-Romeo

LEKTORAT: Melanie Schölzke, Stuttgart

COVERGESTALTUNG: Tatjana Ströber, Ludmila Blum

LAYOUT UND SATZ: Arnold & Domnick, Leipzig

DRUCK UND BINDUNG: Tiskárna Grafico s.r.o., Tschechische Republik

FSC www.fsc.org MIX Paper | Supporting responsible forestry FSC® C187910

Penguin Random House Verlagsgruppe
FSC® N001967

13. Auflage 2024

ISBN 978-3-7724-8341-7
Best.-Nr. 8341